KB251400

스마트폰을
멈추면
일어나는 일

스마트폰을 멈추면 일어나는 일

청소년의 스마트폰 주도권 되찾기

원은정 지음

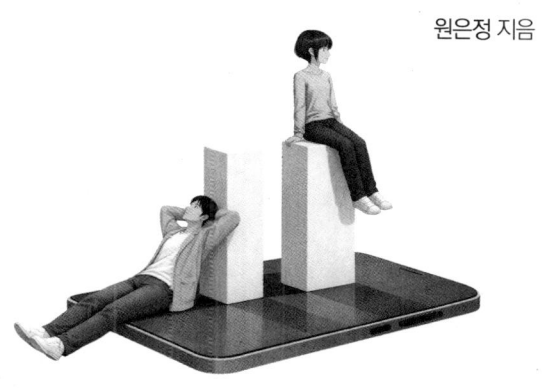

COOPERATIVE
착한책가게

차 례

스마트폰 시대, 내 삶의 주인으로 사는 법

혹시 '벤포스타(Benposta)'라는 나라를 들어본 적이 있는가?

벤포스타는 스페인 오렌세 지방에 세워졌던 어린이 공화국이다. 아이들이 보호나 통제의 대상에서 벗어나 사회의 주체이자 시민이 되어 운영한 '나라'로, 자치 공동체라고 할 수 있다. 이곳에서 아이들은 투표로 대표를 선출하고, 규칙을 만들고, 각자 역할을 맡아 책임감 있게 실행하고, 회의를 통해 문제를 해결해 나갔다.

무엇보다 이 나라를 어른의 지시를 따르기보다 아이들이 주도적으로 운영했다는 사실, 그리고 그런 나라가 실제로 존재했다는 점은 우리의 상상력을 훌쩍 넘어선다. 20년 넘게 아동과 청소년 권리에 주목해온 나로서는 어딘가에 이런 나라가 있었다는 사실을 접하고는 너무도 마음이 설렜다.

아동과 청소년 시기의 일상은 스스로 꾸린다기보다 이미 만들어진 시스템에 수동적으로 따라가는 방식으로 채워지는 경우가 많다. 이미 만들어진 문화 속에서 '학습'이라는 이름으로 길들여지고, 정답을 강요받고, 규칙과 원칙을 지키기만 하는 대상으로 취급되곤 한다. 그리고 그 과정은 대개 "어른이 되면 마음껏 살 수 있어."라는 말로 포장된다. 하지만 그 약속은 허구에 가깝다는 것을 이미 알고 있으리라 짐작한다.

그렇다면, 주도적으로 산다는 말은 무엇일까?

인간은 늘 손에 무언가를 쥐고 살아왔다. 어떤 시대는 철기를 쥐었고, 어떤 시대는 신문을 펼쳐 들었으며, 또 어떤 시대는 책이나 리모컨을 쥔 채 시간을 보냈다. 그런데 지금 사람들의 손에 쥐어진 것은 이전의 것들과는 아주 다르게 느껴진다. 스마트폰은 분명 '도구'의 형태를 띠고 있지만, 어느새 도구를 넘어 인간의 생활을 구성하는 기반이 되어버린 듯하다. 스마트폰은 정보가 들어오는 입구이자 관계가 오가는 통로이며, 심심할 틈을 지우는 오락이고, 일상을 기록하는 개인의 자료창고다. 동시에 그것은 때때로 내 존재를 흔들고, 나의 감정과 판단에 끊임없이 영향을 주는 것이기도 하다.

'주도적'이라는 말은 '선택할 수 있다'는 의미를 담고 있다. 그런데 스마트폰이 일상이 된 지금은 우리가 스마트폰을 필요에 따라 선택한다기보다는 스마트폰에 붙들린 채 살아간다는 느낌이 든다. 마치 노예가 된 것처럼. 이 시대에는 누구도 스마트폰으로부터 자유롭지 못하다.

사회는 이런 현상을 자꾸만 '문제', '중독'이라고 말한다. 스마트폰 중독 문제, 스마트폰 과의존 문제, 집중력 저하 문제, SNS 부작용 문제, 무분별한 앱 사용의 문제….

그러면서 특히 청소년들이 문제라고 말한다. 어른이라고 해서 결코 괜찮은 게 아닌데도 말이다.

이 책을 통해 내가 주목하고 싶었던 것은, '문제'가 아니라 '일상'이다. '문제를 어떻게 해결할 것인가'가 아니라 '일상을 어떻게 살 것인가'에 대한 이야기를 여러분과 나누고 싶었다. 일상을 어떻게 살 것인가라는 질문은 결국 '선택'의 문제다. 일상을 어떻게 살 것인가라는 질문은 내가 어디에서 무엇을 할 것이며, 누구와 어떻게 연결될 것인가에 대한 성찰이다. 바로 이 성찰이 주도적인 삶의 시작점이다.

이러한 성찰은 새롭고 낯선 것이 아니다. 이미 우리가 늘 하고 있는 생각들이다. 다만 이 책을 통해 우리가 이미 갖고 있는 질문과 성찰의 힘을 더욱 도드라지게 드러내는 이야기를 함께 나누고 싶은 것이다.

우리는 종종 몇 가지를 착각하며 살아간다. 남에게 어떻게 보이는지가 무엇보다 중요한 것처럼, 지금 당장 재미있는 것이 가장 값진 것처럼, 어색함과 막연하게 불편한 감정은 반드시 없애야 할 결함인 것처럼.

스마트폰은 이런 착각을 한층 더 부추긴다. 다른 사람의 시선을 더 자주 확인하게 하고, 비교에 더 자주 노출되게 하며, 어수선한 감정이 올라오는 순간마다 손쉽게 회피할 통로를 제공한다. 그 결과 우리는 점점 더 깊이 착각 속으로 빠져든다. 스스로의 기준과 판단이 아니라 건강하지 않은 외부의 평가마저 그대로 받아들인 채 그것을 '나'로 규정하고, 뭔가 되새겨보거나 여지를 남겨둘 겨를도 없이 짧은 순간에 마음속 허전함을 덮고, 불편한 마음과 마주하기보다 화면 속으로 도피해버리는 방식으로 말이다. 이럴 때 우리는 나도 모르게 삶의 주도권을 바깥으로 넘겨버리게 된다.

우리는 늘 더 나은 선택을 하고 싶어 한다. 사실 더 나은 선택이 무엇인지도 이미 알고 있다. 친구 앞에서 스마트폰을 붙들고 있을지 내려놓을지, 숏폼이 끝나는 시점에 한 편을 더 볼지 멈출지, 볼수록 비교가 심해지는 피드를 계속 넘길지 닫을지. 이런 선택의 갈림길은 대개 아주 잠깐 스쳐 지나가는 생각으로 끝나버리곤 한다. 스치는 생각을 더 선명하게 만드는 일이 있다. 바로 멈추는 것이다. 멈춤은 그 자체로 우리를 더 나은 선택 쪽으로 데려간다.

지금 시대에 필요한 힘은 어쩌면 '멈춤'일지 모른다. 잠시 멈춰서 상황을 살펴보고 '내가 선택한다'는 감각을 몸에 익히는 것, 그것이야말로 이 시대에 꼭 필요한 능력이 아닐까.

사회와 외부 시선에 의해 끌려 다니지 않고 자기 자신을 이해하면서 주도적으로 살아가는 사람에게서 나오는 광채가 있다. 다정하고 단단한 광채 말이다. 이 책은 그런 삶의 태도, 곧 스스로 선택하며 살아가는 힘에 대해 이야기한다.

이 책은 네 개의 장으로 펼쳐진다.

1장 '스마트폰 24시, 지금 내 삶에 무슨 일이 일어나고 있을까?'에서는 스마트폰이 우리의 관계와 시간, 집중력에 어떤 변화를 만들어내고 있는지 살펴본다. 함께 있는 사람보다 화면을 먼저 보게 되는 순간, SNS 반응에 흔들리는 친구 관계, 숏폼 콘텐츠 속에서 무너지는 집중력까지, 우리가 이미 경험하고 있는 일상의 장면을 되짚어보고 스마트폰 시대를 살아가는 우리의 삶을 다시 바라보게끔 하는 질문을 던지고자 한다.

2장 '유튜브와 숏폼의 세계에서 벌어지는 일'에서는 우리가 날마다 접하는 플랫폼의 구조를 들여다본다. 숏폼 콘텐츠를 보는 것이 왜 멈추기 어려운지, 알고리즘은 어떤 방식으로 우리의 관심을 붙잡는지, 그리고 그 과정에서 가짜 정보와 과장된 논리가 어떻게 퍼져나가는지 함께 살펴보자.

3장 '유튜브와 SNS를 멈추면 무슨 일이 일어날까?'에서는 스마트폰에서 잠시 떨어질 때 다시 돌아오는 것들에 대해 나눈다. 사람과의 연결, 집중하는 시간, 비교에서 벗어난 마음의 여유처럼 우리가 놓치고 있던 일상의 감각을 함께 돌아보게 될 것이다.

마지막으로 4장 '진정한 자유와 몰입으로 내 삶의 주인으로 다시 서기'에서는 스마트폰 시대에 우리가 어떤 선택을 하며 살아갈 것인지를 묻는다. 고요하게 몰입하는 시간의 의미, 나와 타인을 존중하는 디지털 시민의 태도, 그리고 결국 '나는 어떻게 살고 싶은가'라는 질문을 함께 생각해보길 기대하며 구성하였다.

마지막으로 한 가지 고백을 하자면, 저자로서 이 책을 쓰면서 가장 조심했던 점은 '하지 마라', '금지하라'라고 강요하지 않는 것이었다. 대신 우리에게 필요한 질문을 건네고, 자신만의 사용 기준을 함께 세우며, 관계와 일상을 다시 선택할 수 있도록 돕는 작은 실천을 담아두었다. 우리가 멈출 수 있는 힘이 있다는 사실을 발견하는 것만으로도, 다른 것들에 내 일상을 쉽게 내주지 않게 될 것이다.

스마트폰으로부터 누구도 자유롭지 않은 시대에, 멈출 수 있는 자신 안의 힘을 신뢰하는 쪽으로 한 걸음을 내딛는 데 이 책이 동행할 수 있다면 좋겠다.

그런 여러분의 삶에 건투를 빌며!
2026년 원은정

1

순식간에 사람이 싫어지는 마법

밸런스 게임 하나를 제안하려고 한다. 밸런스 게임은 제시하는 두 가지 선택지 중 하나를 '반드시' 골라야 하는 문답형 게임이다. 최근에는 유튜브나 인터넷 커뮤니티에 자주 등장하며 연예인들 인터뷰에도 많이 활용된다.

이 게임의 핵심은 '선택의 딜레마'라고 할 수 있다. 예를 들어, '평생 콜라만 마시기 vs 평생 사이다만 마시기' 혹은 '평생 시험 보는데 옆 친구가 계속 다리 떨기 vs 평생 시험 보는데 내 의자가 삐걱거림'처럼 두 선택지가 비슷하게 좋거나 비슷하게 싫어서 쉽게 결정하기 어려운 질문이 많다.

이 게임이 흥미로운 이유는, 선택지 두 개 가운데 결정을 내리기 위해 고민하는 순간, 자신 안에 숨겨져 있던 기준과 감정을 또렷하게 마주하게 되기 때문이다. 말하자면 밸런스 게임의

초점은 '선택'이 아니라 '그 선택을 한 마음의 기준'에 있다고 할 수 있다.

자, 이제 여러분이 질문에 답할 차례다. 두 친구 중 누구를 더 싫어하는가? 반드시 하나를 선택해야 한다.

'약속 나와서 스마트폰만 보는 친구 vs 약속 나와서 돈을 절대 안 내는 친구'

여러분은 어떤 친구를 더 싫다고 선택했는가? 그렇다면 그 친구를 싫어하는 이유는 무엇인가?

약속 나와서 스마트폰만 보는 친구 vs 돈을 절대 안 내는 친구

이 책을 쓰면서 '만나면 스마트폰만 보는 친구'에 대해 포털과 SNS에서 검색하던 중 가수 다비치의 '밸런스 게임' 관련 영상을 발견했다. 다비치는 듀오 가수인데 인터넷에 올라와 있는 밸런스 게임 질문들을 서로 묻고 같이 답하는 영상이었다. 몇 가지 질문 중에 '약속 나와서 스마트폰만 보는 친구 vs 약속 나와서 돈을 절대 안 내는 친구' 중 어느 쪽이 더 싫은지에 대해 묻는 것이 있었는데, 둘 모두 '약속 나와서 스마트폰만 보는 친구'가 더 싫다고 대답했다. 그 영상의 댓글에는

"저도 스마트폰만 보는 친구 싫어요. 그럴 거면 왜 만나지?"

"제 친구 중에 저런 친구 있어요. 나랑 얘기할 때도 스마트폰만 보고 말함"

"두 분은 돈이 많으니까 선택이 쉽겠죠. 저는 선택하기 어렵네요."

와 같은 말들이 있었고, 댓글에도 '약속 나와서 스마트폰만 보는 친구'가 더 싫다는 쪽이 압도적으로 많았다.

실제로 포털사이트에서 검색을 해보면 '스마트폰만 보는 친구'로 인한 마음앓이가 꽤 많이 포착된다. 검색으로 발견한 내용을 나열해보자면 이러하다.

"친구랑 만났는데 제 얼굴도 안 보고 톡만 하네요. 저도 아예 안 하진 않지만 두세 시간 만나면 거의 반 이상을 스마트폰만 봐요. 하지 말라고 말하기도 그렇고 기분이 참 별로네요. 어떻게 해야 할까요?"

"친구 한 명이 만나서 놀 때마다 스마트폰을 엄청 자주 봐요. 중요한 연락이면 괜찮은데 뭐 하는지 슬쩍 보면 그냥 인스타 스토리 넘기고 있고, 자기가 관심 있는 대화 주제 나올 때만 잠깐 폰 집어넣고 제가 얘기하면 또 폰 보고….어느 순간 그 친구가 싫어지네요."

"제가 만나자고 한 것도 아니고 친구가 먼저 만나자고 해놓고 만나면 좀 말하다가 스마트폰 보고, 말하면서도 눈은 스마트폰에 가 있고… 뭐 하는 짓인지…. 성격이 안 좋거나 이상한 친구도 아닌데 왜 그러는지 이해가 안 가요."

이 글들에는 단순히 '스마트폰을 오래 본다'는 사실보다 더 중요한 공통점이 있다. 상대가 스마트폰을 보는 동안 함께 있는 자신이 전혀 배려받지 못하고 감정과 존재가 지워지는 느낌이 든다는 것이다.

그 글들에 달린 댓글을 살펴보면 이러한 마음이 더 선명해진다.

"그냥 상대방한테 관심이 없는 거예요. 중요한 카톡이나 전화는 양해 구하고 할 수 있는데 한두 시간씩 그런다면 저는 다음부터 안 볼 것 같아요."

"그건 상대방이 나에게 관심이 적다는 의미 아닐까요? 상대방을 존중하지 않고 편하다는 이유만으로 합리화하는데 그것은 상대방을 기만하는 행위입니다. 섭섭함을 직접 이야기해보고 변하지 않으면 그 사람과 굳이 인연을 이어갈 필요가 있을까 싶습니다."

"이건 엄연히 함께 시간을 보내는 사람에 대한 예의가 아니죠. 사실 계속 카톡을 하는 것도 예의는 아니지만 특히 숏츠 보고 있으면 고작 그런 거 보자고 나를 무시하나 하는 생각이 들어서 기분이 점점 안 좋아지더라고요."

뭐 중요한 일 있나요?

혹시 여러분도 '만나면 스마트폰만 하는 친구'를 겪어본 적이 있는가? 있다면 그때 기분이 어땠는지 기억나는가? 나 역시 비슷한 상황에서 위와 같은 생각을 한 경험이 있다. 누구나 그런 사람을 만나거나 그런 경험을 한 적이 한 번쯤은 있을 것이다.

물론 청소년들과 이야기를 나누다 보면 종종 이런 말을 듣기도 한다.

"어른들은 우리가 만나면 모여서 각자 스마트폰만 본다고 말하는데, 우리는 그게 노는 거예요. 같이 게임하고, 나란히 누워서 채팅하고, 그러다가 서로 릴스 보내서 같이 킥킥대고 같이 웃는 게 저희는 같이 있는 거거든요."

틀린 말이 아니다. 같이 있는 방식이 달라진 것이지, 같이 있지 않은 게 아니니까. 다만 여기서 생각해보고 싶은 건 조금 다른 장면이다. 상대가 원하는 대화가 있는데, 내가 화면에 빠져 있어서 그 사람이 혼자 남겨지는 순간 말이다.

옆에 있는 사람과 대화를 나누는 중에도 스마트폰에 빠져 있는 행동이 겉보기에는 단순한 '버릇'처럼 보일 수 있다. 하지만 그 행위가 전달하는 무언의 메시지와 관계에서 지니는 의미는 결코 가볍지 않다. 이는 다음과 같은 무언의 메시지를 같이 있는 사람에게 보내는 것이다.

"나는 지금 너보다 이 스마트폰 화면이 더 중요해."

이러한 메시지는 받는 쪽에게 묘하면서도 기분이 별로인 상처가 된다. 처음에는 '뭐지?' 하다가 '나랑 같이 있는 게 재미없나?', '아, 저 사람 그냥 예의가 없는 사람이네. 멀리해야겠다.'는 생각이 든다. 그리고 '내가 굳이 이런 관계를 이어갈 필요가 있을까?'라는 마음까지 들면서 그 사람과 점차 멀어지게 된다.

게다가 이런 경우는 불편한 마음을 명확하게 주고받기도 어렵다. "폰 좀 그만 봐."라고 말하면 괜히 예민한 사람이 되는 것 같고, 조용히 참으면 오해가 쌓여 관계를 회복하기 힘들어진다.

눈앞의 사람보다 손 안의 화면이 더 중요해지는 순간

이제 이 문제를 우리의 일상으로 조금 더 가까이 가져와 보자. 혹시 '퍼빙'이라는 용어를 들어본 적이 있는가? '퍼빙 (Phubbing)'은 전화기(Phone)와 무시(Snubbing)의 합성어로, 함께 있는 상대에게 신경을 쓰지 않고 스마트폰에만 집중하는 무례한 행위를 뜻한다.[1] 대화 중에도 상대의 눈을 보지 않고 스마트폰을 바라보며 메시지를 확인하면서 건성건성 대화에 임하거나, 알림이 울릴 때마다 즉시 반응하는 모습이 대표적이라 할 수 있다.

앞에서 이야기한, 만나서 상대보다 자신의 스마트폰에만 눈이 가 있는 사람이나, 자기도 모르게 수시로 폰을 들었다 놨다 하면서 같이 있는 사람들에게 무언의 메시지를 보내는 행동이 여기에 속한다. 이는 단순한 습관이 아니라, 관계의 예절과 집중의 태도가 사라진 사회적 징후라고 학자들은 말한다.

퍼빙은 어느 특정한 공간에서만이 아니라 교실, 회사 회의실, 친구나 가족과의 식사 자리, 연인과의 데이트, 심지어 단체 모임에서도 자연스럽게 벌어진다. 함께 있는 시간과 눈앞의 사람보다 손 안의 화면이 더 중요해지는 순간, 대화가 끊기는 장면을 우리 모두 목격하거나 직접 경험한 적이 많을 것이다. 이는 함께 있는 사람에게 집중하지 못하고 상황에 맞는 태도가 무엇인지 잃어버린 우리 모습을 보여주는 장면이라 할 수 있다.

혹시 지금 주변에 사람들이 있다면 고개를 돌려 잠깐 살펴보자. 사람들 손에 스마트폰이 들려 있는 걸 어렵지 않게 볼 수 있을 것이다. 오늘날 스마트폰은 단순한 통신기기를 넘어서 개인의 정체성과 일상의 리듬을 이루는 핵심 도구, 혹은 나 자신을 투영하는 또 하나의 자아가 된 듯하다. 우리는 사진을 찍고, 영상을 올리고, DM과 댓글로 관계를 유지하며, 15초짜리 숏폼에 웃고 감탄하고, 또 정말 많은 앱을 사용하면서 스마트폰 화면에 생각보다 오랜 시간 눈을 맞추고 있다.

이처럼 우리의 일상은 '즉각적인 반응'과 '끊임없는 자극'이 이어지는 순환 구조를 이루고 있다. 그리고 상대방을 무시하는 행동인 퍼빙은 바로 그 순환의 부산물이라고 할 수 있다. 현실의 사람보다 화면 속에서 연결된 사람이 더 빠르고 강렬하게 반응해주기 때문일지도 모른다. 그러나 빠른 반응과 쉬운 자극에 익숙해질수록, 우리는 눈앞의 사람과 함께 있는 시간을 찬찬히 느끼는 힘과 관계의 깊이를 점점 잃어가고 있지는 않은가? 상대가 다음 말을 생각하는 동안이나 대화 중 잠시 공백이 생겼을 때 무심코 스마트폰을 들여다보는 행동은 단순한 퍼빙이 아니다. 연결이 끊어지고 있는 이 시대 우리의 소통 방식을 상징적으로 보여주는 장면이라 할 수 있다.

실제 많은 청소년이 스마트폰을 손에서 놓지 못하는 것에 대해 이렇게 말한다.

"혼자 있을 때 스마트폰 보는 건 어쩔 수 없잖아요."

"지루하니까 보는 거예요."

"그냥 습관인 것 같아요."

그렇다면 여기서 잠깐, 습관이라는 말을 한번 살펴보자. '습관'이라는 표현은 마치 '자신이 통제하지 못하는' 무엇처럼 느껴지지 않는가? 어쩌면 우리는 "습관이야, 습관."이라고 합리화하면서 그 뒤에 숨는 것일지도 모르겠다.

하지만 분명히 말하건대, 진짜는 그 반대다. 습관이 나를 지배하는 것이 아니라 내가 습관을 만들어낸 것이고, 그렇기에 내가 고칠 수도 있다. 내가 고칠 수도 있다는 사실을 인식하는 순간, 지배당하는 상태에서 벗어나 스스로 원하는 방향으로 변화를 시작할 수 있다.

2

그런 친구, 사양합니다

언제부턴가 친구 관계가 화면 안에서 시작되고 화면 안에서 흔들리기 시작했다.

친구의 '좋아요' 한 번에 기분이 들뜨고, 답이 없는 '읽씹' 한 번에 불안해진다. 인스타그램에서는 누가 누구의 게시물에 '좋아요'를 눌렀는지, 댓글을 달았는지, 스토리를 봤는지가 우정을 가늠하는 기준이 되어버렸다며 슬퍼하는 청소년들도 있다. 실시간으로 관계가 점검되고, 반응의 유무가 곧 호감이나 거리감의 증거가 되며, 무관심은 배신으로 해석되기도 한다.

그 속에서 청소년들은 종종 말한다.

"이젠 진짜 친구가 뭔지 잘 모르겠어요."

다음은 청소년들과 인터뷰를 하면서 이야기 나눈 친구 유형이다. 인스타그램이라는 공간에서 드러나는 다양한 모습인데, 누구나 한 번쯤은 겪어봤거나 어쩌면 스스로가 그런 모습을 보인 적이 있을지도 모른다. 어느 부분이 낯익게 느껴지는지, 나에게도 이런 면이 있지는 않은지 생각해보면 좋겠다.

인스타그램은 사람들을 연결하는 도구이지만, 때로는 관계를 미묘하게 틀어지게 만들기도 한다. 보이지 않게 마음을 갉아먹는 친구 유형, 함께 살펴보자.

① 질투형 친구

처음엔 그냥 농담인 줄 알았어요. 제가 친구들이랑 놀러 가서 찍은 사진을 올렸거든요. 이튿날 학교에서 그 친구가 "너 요즘 인기 많다?" 하면서 웃더라고요. 웃은 건 맞는데, 뭔가 톤이 이상했어요. 그날 이후로 제가 뭘 올릴 때마다 "좋겠네~ 나도 그런 데 좀 가봤으면." 같은 말을 꼭 해요.

한두 번은 그러려니 했는데 점점 기분이 이상해졌어요. 마치 제가 뭘 하면 그게 자랑처럼 보이는 것 같아서요. 그냥 평범한 일인데도 '올리면 질투받을까?' 하고 걱정하게 됐어요.

– 수민(16세)

"너 요즘 잘 나가네?"라는 말 뒤에 감춰진 진짜 감정은 부러움과 견제라고 할 수 있다. 웃으며 칭찬하지만, 말끝 어딘가에서 미묘한 결이 느껴진다. 어딘가 씁쓸하고 가시가 있다. 내가 올린 사진 한 장, 누군가와의 즐거운 한순간이 그 친구에겐 '경쟁'의 신호로 읽히는 것이다.

이런 반응을 접하고 나면 어느 순간부터 내 일상을 올릴 때조차 편하지 않다. 기쁨을 나누려 했던 기록이, 나도 모르게 누군가를 자극할까 봐 조심해야 하는 일이 되어버린다.

② '좋아요' 압박형 친구

처음엔 서로 게시물 올라오면 습관처럼 그냥 '좋아요'를 눌렀어요. 그러다 하루는 제가 바빠서 못 눌렀는데, 그 친구가 "왜 내 거 안 눌렀어?"라고 직접 말하더라고요. 그 뒤로는 '좋아요' 하나 누를 때도 눈치를 보게 됐어요. 내가 눌렀으니까 너도 눌러야 하고, 댓글도 성의 있게 써야 하고… 진짜 피곤했어요. 어느 순간 인스타가 우정의 증거처럼 느껴지니까 그냥 지치는 거죠.

— 지우(16세)

"내가 네 거 매번 '좋아요' 눌렀잖아."
"스토리 봤으면 답 좀 하지 그래?"
친구의 게시물에 반응하지 않으면 서운하다고 하고, 서운함이 쌓이면 괜히 거리감이 생기고, 결국엔 온라인 반응이 우정의 기준이 되어버린다.

'좋아요'는 '좋다'는 마음에서 눌러야 하고, 댓글은 공감이 되고 하고 싶은 말이 있을 때 자연스럽게 달아야 한다. 하지만 이 경우와 같은 친구 관계에선 그게 의무가 되어버린다. 한쪽이 기대하는 '반응'에 맞춰주지 않으면 곧바로 관계에 금이 간다. 결국 인스타그램은 친구의 기분을 맞춰주는 도구가 되고, 나는 거기서 내 감정보다 눈치를 먼저 보는 사람이 된다. 우정이 아니라 피로가 남는 관계가 되는 것이다.

③ 조롱형 친구

그날도 그냥 평소처럼 사진 한 장 올렸어요. 나중에 다른 친구 한테 들었는데, 그 사진이 단톡방에 캡처돼서 돌았더라고요.

"민석 또 감성 터졌네. ㅋㅋ"

"필터 진짜 왜 저래?"

뭐 이런 말들… 다 같이 웃었다고 하더라고요. 저는 그때 아무 말도 못 했어요. 그냥 다 무서웠어요. 인스타에 뭐 하나 올리는 것도 겁나고, 사람들 눈이 너무 의식되기 시작했어요. 그날 이후로는 그냥 아예 안 올려요.

– 민석(17세)

사진 하나 올리는 것도 두려움이 되는 관계, 그게 바로 조롱형 친구가 만들어내는 분위기다.

앞에서는 "잘 나왔네", "예쁘다"고 말하지만, 뒤에서는 단톡방에 몰래 캡처해서 공유하고, "이 각도 뭐냐", "필터 진심?" 하면서 웃음거리로 소비한다.

내가 올린 사진 한 장에 순식간에 내가 웃음거리가 되어버리는 것이다.

"그냥 웃자고 한 거야."

"네가 예민한 거지."

조롱형 친구들은 흔히 이런 말로 넘어가려고 한다. 하지만 조롱은 장난이 아니다. 상대가 불편하고, 위축되고, 무서워진다면, 그건 이미 폭력이다. 자기표현은 비웃음의 대상이 되어선 안 된다. 표현의 자유는 말할 수 있는 용기보다 그걸 안전하게 들어줄 사람이 있는가에 더 좌우된다.

④ 휘발성 친구

인스타에선 저랑 되게 친한 척해요. 스토리도 자주 보내고, 제 사진엔 꼭 댓글도 달고요. 그런데 학교에선 아예 달라요. 같이 있어도 저랑 눈도 안 마주치고 다른 친구랑만 이야기하고….

처음엔 내가 뭔가 잘못했나 싶었어요. 근데 그 애는 그냥 온라인에서 '존재감' 유지하려고 저를 이용한 거였더라고요. 인스타 속 모습이 진짜라고 믿으면 안 되는 것 같아요.

— 혜인(15세)

인스타에서는 자주 반응하고 DM도 날리지만, 막상 현실에서는 어색하다. 같이 있어도 나에 대해 뭔가 궁금해하지도 않고 대화도 이어지지 않는다. 온라인에서는 가까운 것 같은데, 오프라인에서는 모르는 사람 같다. 그러다 문득 이런 생각이 든다.

"우린 진짜 친구가 맞을까?"

요즘 친구 관계는 '있는 관계'보다 '있어 보이는 관계'가 더 많다고 호소한다. 스토리 하나로 친해 보이고, 댓글 몇 줄로 베스트 프렌드처럼 꾸며진다. 하지만 그건 짧은 반응으로 만들어진 이미지일 뿐, 그 사람과의 진짜 추억은 남아있지 않다. 이른바 휘발성 친구는 쉽게 생기지만 쉽게 사라진다. 그때그때 SNS에서의 반응은 빠를 수 있지만, 정작 내가 힘들 때는 곁에 없는 사람이다.

화면 속에선 다정하고 유쾌하지만, 현실에선 침묵과 외면으로 일관하는 관계. 그것이 오늘날 자주 경험하는 새로운 외로움의 형태라고 청소년들은 고백한다.

⑤ 뒷담화형 친구

제가 털어놓은 고민을 그 애가 인스타 비공개 계정에 돌려서 올린 거예요. 누군지 모를 것처럼 애매하게 썼지만, 저랑 친한 사람들은 다 알 수 있게요. 너무 배신감이 들었고, 한동안 사람 자체가

무서웠어요. 그런 사람은 친구도 아니고, 사람 사이의 기본 예의
도 없다고 생각해요.

- 다연(17세)

누가 어떤 글을 올렸는지, 누구와 어울렸는지, 누구의 스타일
이 마음에 안 드는지… 이런 이야기들이 인스타그램을 매개로
끊임없이 오간다. 누군가의 일상을 감시하듯 살피고, 그 정보를
험담의 재료로 삼는 친구도 있다. 처음엔 가벼운 농담처럼 들
리지만, 어느새 그 말들은 누군가의 마음을 베는 칼이 된다. 그
리고 문득 이런 생각이 스친다. 지금 누군가의 이야기를 그렇게
소비하고 있다면, 언젠가 내 이야기 역시 어딘가에서 그렇게 소
비되겠구나 하는 불안한 예감 말이다.

친구란, '좋아요'를 눌러주는 사람이 아니라 진짜 내 마음에
귀 기울여주는 사람이어야 한다. 온라인에서는 반응이 넘치지
만 정작 진심을 나누지 않는 관계라면, 그것은 우정이 아니라
집착과 불안이 만들어낸 연결일 뿐이다.

그런 관계는 내 자존감을 흔들고, 말 한마디조차 눈치를 보게
만든다. 그런 관계는 나를 성장시키지 못한다. 좋은 친구는 내
가 어떤 모습을 보이든 편안하게 숨 쉴 수 있게 해주는 사람이
아닐까?

3

'분초사회', 아끼고 모은 시간이
자꾸 사라진다

혹시 '분초사회'라는 말을 들어본 적 있는가? 들어본 적이 없다 해도 어떤 뜻일지 추리해보면 금방 알아챌 수 있을 것이다. 맞다, 지금 생각한 그거!

분초사회는 말 그대로 시간 단위를 '분', 아니 '초' 단위로 쪼개서 관리하고 활용하는 사회를 말한다. 예를 들어 한 사람이 이렇게 생활한다고 해보자.

"6시 15분까지 영어공부를 하고, 15분부터 30분까지 스트레칭을 하고, 30분부터 43분까지 정리정돈, 43분부터 55분까지 간식을 먹고, 55분부터 7시까지는 내일 학교 준비를 한다."

말만 들어도 숨이 찬다. 물론 '분'을 넘어 '초' 단위로까지 산다는 말은 시간이 그만큼 귀하다는 뜻일 테다. 하지만 혹시 진짜로 "○○초까지 이걸 마쳐야지!" 하며 생활하는 사람이 있다면… 연락 꼭 주시길!

아껴 모은 시간을 어디에 쓰고 있을까?

'분초사회'라는 말이 담고 있는 의미를 좀 더 들여다보자. 이
는 시간을 쪼개 쓰지 않으면 안 되는 분주하고 불안한 시대를
의미한다. 시간 단위를 넘어 분 단위는 기본이고, 자투리 시간
까지도 최대한 활용하는 삶. 많은 이들이 쉬는 시간조차 '의미
있게 보내야' 죄책감이 덜 든다고들 말한다. 뭔가를 하지 않으
면 안 될 것 같은 압박감 속에서 우리는 자꾸 계획표를 채우고
시간을 나눈다.

한편으로 '분초사회'는 단순히 바쁘게 사는 것을 넘어 시간을
확보하려는 사람들의 치열한 전략을 말하기도 한다.

예를 들어, 점심시간에 식사는 간단하게 마치고 20~30분은
운동으로 채운다. TV 드라마와 영화도 유튜브 요약 영상으로
대신하기에 그런 콘텐츠는 인기를 끈다. 실제로 줄 서는 시간을
아껴주는 서비스도 인기를 끌고, 쇼핑도 가격 비교보다 '배송
속도'가 중요하다. 심지어 요즘엔 회사에서 반차도 모자라 '반
반차(1~2시간 휴가)' 제도까지 생겼다고 한다. 이 모든 게 시간을
벌기 위한 방법이다.

그런데 그렇게 아껴 모은 시간, 과연 우리는 어디에 쓰고 있
을까?

현실은 꽤 아이러니하다. 정작 실제로는 틈만 나면 스마트폰을 켜고 유튜브 숏츠, 인스타 릴스, 틱톡 같은 숏폼 영상에 빠져든다. "딱 5분만!"이라는 말은 어느새 "벌써 30분?"이 되고, 정성 들여 모은 시간은 그렇게 내 취향을 분석한 정교한 알고리즘 속으로 사라진다. 분명, 시간을 벌기는 했는데 그 시간이 낭비되고 만다.

우리가 포기한 것들

경제학에는 '기회비용'이라는 개념이 있다. 어떤 선택을 할 때, 동시에 포기해야 하는 다른 가능성이 있다는 뜻이다. 이 개념은 시간에도 똑같이 적용할 수 있다.

예를 들어 내가 1시간을 TV를 보며 보내기로 했다면, 그 시간 동안 할 수 있던 다른 선택지를 스스로 포기한 것이다. 독서, 대화, 산책, 운동 같은 일들 말이다. 그래서 때로는 '시간을 어디에 썼느냐'보다 '무엇을 포기했느냐'가 더 중요해진다.

많은 사람들이 이렇게 말한다.

"시간이 없어서 못 했어."

하지만 정말 시간이 없었던 걸까? 혹시 하고 싶은 일을 시작하기도 전에 이미 다른 일들에 시간을 써버리고, 그 결과 에너지가 바닥난 것은 아닐까? 읽고 싶었던 책, 만나고 싶었던 사람, 걷고 싶었던 길처럼 분명 마음속에 품고 있던 일들이 어영부영

미뤄지다가 결국 하지 못한 채 남아 있는 건, 시간을 낭비해서 라기보다는 그냥 흘려보냈기 때문이다.

우리는 종종 이런 상황을 겪는다.

"오늘은 이 책을 꼭 읽어야지!"라고 다짐했지만 하루 종일 이것저것 처리하느라 에너지가 다 소진되어 결국 책은 펼치지도 못하고 잠들어버린다. 그러고는 스스로에게 이렇게 말한다.

"아, 시간이 없었어."

하지만 곰곰이 생각해보면 정말 시간이 없었던 걸까?

시간은 누구에게나 공평하게 주어진다. 결국 우리가 마주해야 하는 질문은 이것이다.

'나는 지금 이 시간을 정말 보내고 싶은 데에 쓰고 있는가, 아니면 전혀 다른 데에 쓰고 있는가?'

시간은 내게 중요한 것을 드러내는 기록

지금 이 순간, 나는 누구를 위해 시간을 쓰고 있을까? 그리고 그 시간은 내가 정말 원했던 걸까?

우리는 자주 누군가의 기대에 끌려가거나 눈앞의 일들에 쫓기다 하루를 흘려보낸다. 분주하게 움직이지만 마음은 정작 어디에도 닿지 못한 채, 잠깐의 여유가 생기면 무심코 화면을 열고는 무의미하게 스크롤을 반복한다. 해야 할 일은 늘 끝이 없고, 하고 싶은 일은 늘 뒤로 밀린다.

물론, 모든 시간이 특별할 필요는 없다. 하지만 아무 생각 없이 흘려보내는 시간이 쌓이면, 어느새 내 삶의 방향까지 잃어버릴 수 있다. 정작 내게 필요한 시간은 그리 많지 않다. 사랑하는 사람과 마주 앉아 대화를 나누는 시간, 평범한 날 오후에 누군가와 함께 웃으며 걷는 시간, 아무것도 하지 않고 조용히 숨을 고르는 시간. 이런 순간들이야말로 우리를 지탱한다. 그리고 이런 시간은 그냥 주어지는 게 아니라, 내가 선택하고 지켜내야 하는 것이다.

시간은 단순히 지나가는 것이 아니라, 내가 무엇을 중요하게 여기는지를 드러내는 기록이다. 어떻게 쓰느냐에 따라 삶의 무게 중심이 달라지고, 결국 그 방향이 내가 어떤 사람인지를 말해준다.

그래서 가끔은 걸음을 멈추고 스스로에게 물어야 한다. 지금 이 시간을 왜 이렇게 쓰고 있는지, 이 시간이 나에게 어떤 의미인지. 계획대로 사는 것도 중요하지만 그 안에 담긴 내 마음을 잃지 않는 것이 더 중요하다. 무언가를 성취하기 위한 시간도 필요하지만 그저 아무 일도 하지 않고 가만히 있는 시간도 결코 덜 소중한 건 아니다. 겉보기에 무의미해 보이는 틈 속에서 우리는 오히려 진짜 자신을 마주하기도 한다. 그런 순간은 낭비가 아닌 회복의 시간이다.

우리는 지금 시간을 쪼개고 나누며 살아가는 시대에 살고 있다. 하지만 그렇게 시간이 흩어지는 와중에도 반드시 지켜야 할 순간이 있다. 바로 마음이 머무는 시간이다. 바쁜 하루 중에도 내가 지키고 싶은 순간, 놓치고 싶지 않은 감정을 스스로 선택할 수 있어야 한다. 중요한 건 시간을 얼마나 세세하게 계획했느냐가 아니라, 그 시간을 얼마나 의지 있게 지켜냈느냐다.

그러니 이제는 시간을 더 잘게 쪼개는 법만 배우지 말고, 그 시간을 모으는 감각도 함께 키워야 한다. 그렇게 모은 시간을 진짜 소중한 사람들과 소중한 순간에, 그리고 무엇보다 나 자신에게 아낌없이 써야 한다.

내 삶을 지키는 실천 1

시간에 대한 자기성찰 질문 3가지

1. 오늘 '시간 없어서 못 했다'고 생각한 것, 나는 사실 그 시간에 뭐 하고 있었지?

2. 오늘 하루를 돌아봤을 때 내 마음이 가장 오래 머문 시간은 언제였을까?

3. 최근에 시간 가는 줄 몰랐던 순간이 있었다면, 그때 난 뭐 하고 있었지?

4

'브레인 롯', 왜 집중이 안 되지?

쉬는 시간 학교 교실 안, 누군가 갑자기 "트랄랄레오~ 트랄랄라!" 하고 흥얼거린다. 그 뒤에서는 "침판지니 바나니니!"가 따라오고, 누군가는 나이키 운동화를 신은 상어 스티커를 보여준다. 모두가 웃는 가운데, 막상 누군가 "그게 대체 뭐야?"라고 물으면 무어라 설명하기는 쉽지 않다.

이것이 바로 '브레인 롯 밈', 그중에서도 2025년 전 세계를 강타한 '이탈리안 브레인 롯(생성형 인공지능(AI)으로 만든 초현실주의적인 인터넷 밈 시리즈)'의 풍경이다.

트랄랄레오 트랄랄라~

AI가 만든 이상하고 우스운 하이브리드 캐릭터(예: 상어+운동화,

침팬지+바나나)에 이탈리아어처럼 들리는 빠른 내레이션이 얹히고, 짧은 영상 속에서 같은 리듬과 대사가 반복된다. 이름도 혀가 꼬이게 만든다. "트랄랄레오 트랄랄라, 침판지니 바나니니, 봄바르디로 크로코딜로" 같은 식이다.

이 밈은 단순한 유행을 넘어서 하나의 '놀이'처럼 퍼져나갔다. 교실에서는 친구들끼리 함께 후렴구를 따라 외치고, 국어 시간엔 이를 패러디해 과제를 만들기도 한다. 온라인에서는 로블록스(사용자가 직접 게임을 만들고, 다른 사람이 만든 게임을 플레이할 수 있는 플랫폼)나 스포티파이(음악 스트리밍 플랫폼) 같은 플랫폼에서 2차 창작이 활발히 이어진다.

이 밈을 함께 알고 따라 하는 경험은 '이걸 안다는 것 자체가 재밌다'는 감각을 불러일으킬 뿐 아니라 '같은 것을 공유한다'는 소속감을 만들어낸다.

브레인 롯 밈이 유행하는 이유

'브레인 롯(Brain rot)'을 직역하면 '뇌가 썩는다'는 뜻이다. 원래 브레인 롯은 무의미한 콘텐츠를 너무 많이 소비한 탓에 뇌가 멍해지고 무감각해지는 상태를 가리키는 말이었다. 처음엔 농담처럼 쓰이던 인터넷 속어였지만, 2024년을 전후로 하나의 사회적 징후로 주목받기 시작해 지금은 디지털 피로와 과잉 자극의 상징이 됐다.

옥스퍼드 사전은 '브레인 롯'을 2024년 '올해의 단어' 후보로 올렸고, 언론 매체들은 이 용어를 조명하며 숏폼 콘텐츠 시대에 우리의 뇌가 어떻게 반응하고 변화하는지를 분석했다.

브레인 롯이 널리 퍼진 이유는 단순히 콘텐츠가 흘러 넘쳐서가 아니다. 그 핵심에는 '이해하려는 노력'보다 '즉각적인 리듬'에 반응하는 뇌, '정보의 깊이'보다 '자극의 세기'에 끌리는 우리의 소비 방식이 있다. 콘텐츠가 말이 안 돼도, 맥락이 없어도, 심지어 불쾌하거나 기괴해도 이상하게 중독된다.

특히 브레인 롯 밈이 유행하는 이유는 크게 세 가지로 볼 수 있다.

첫째, 후크(hook)가 강하다. 짧고 중독적인 멜로디, 반복되는 대사, 자극적인 편집이 몇 초 안에 시선을 붙잡는다. 반복 구조는 리듬 자체로 뇌에 각인되며, 이해하지 못해도 '계속 듣고 싶은' 상태가 된다. 마치 가사도 모르는 노래를 흥얼거리는 것처럼 뇌는 리듬에 중독된다.

둘째, AI 기술의 등장이 브레인 롯 콘텐츠에 새로운 감각을 더했다. 이미지가 어딘가 비현실적이고, 표정이나 동작이 과장되거나 어색한데 웃기다. 현실에선 있을 수 없는 장면이 예상 밖의 웃음을 유발한다. 뇌는 그 낯섦에서 자극을 느끼고 더 오래 머무르게 된다.

셋째, 숏폼 콘텐츠의 독특한 문법이 반복 시청을 부추긴다. 숏폼 영상은 설명 없이 시작부터 본론으로 뛰어드는 '콜드 오픈', 심하게 빠른 전개, 영상이 끝나자마자 다시 시작되는 '무한 루프'의 구조를 이루고 있다. 그래서 멈추기 애매해 끝까지 보게 되고, 다시 재생되면 또 보게 된다. 짧으니까 부담 없고, 웃기니까 다시 보고. 그렇게 몇 번 반복하다 보면 기억에 남는다. 처음에는 "이게 대체 뭐야?" 싶었던 영상도 어느새 세 번 이상 보며 흥얼거리고 있는 자신을 발견하게 된다.

논리보다 리듬, 의미보다 감각, 정보보다 자극. 브레인 롯은 지금 시대의 콘텐츠 소비 방식을 거울처럼 비추고 있다.

'브레인 롯' 현상과 집중력의 관계

그렇다면 이러한 '브레인 롯' 현상은 집중력과 어떤 관계가 있을까?

하루를 마치고 나서 이런 생각이 든 적이 있을 것이다.

"오늘은 왜 이렇게 집중이 안 됐지?"

딱히 뭘 잘못한 것도 없고 시간을 허투루 쓴 것도 아닌데, 뭔가를 한 것 같긴 하면서도 남는 게 없다. 밤에는 스마트폰을 손에서 놓지 못하고, 다음날 아침이면 지난밤에 본 영상의 내용이 거의 기억나지 않는다.

플랫폼은 '조금만 보고 잘까?' 하는 우리의 마음을 정면으로 배반한다. 자동 재생과 무한 스크롤, 다음 영상을 유도하는 인터페이스는 사용자를 계속해서 다음, 또 그다음으로 몰고 간다.

한 편 한 편은 짧고 가볍지단, 결국 우리는 수십 개의 자극을 연달아 받아들이게 된다. 멈출 타이밍을 잡지 못하고 쉴 틈조차 없어지는 것이다. 그래서 우리는 분명 쉬려고 침대에 누웠지만, 뇌는 전혀 쉬지 못한다.

짧은 영상이 이어지는 동안 우리 뇌는 10초마다 새로운 자극에 노출되고, 30초마다 감정이 들쑥날쑥 흔들린다. 처음엔 웃다가 갑자기 놀라고, 또 금세 짜증이 치밀어 오른다. 몸은 가만히 있지만 뇌는 끊임없이 회전한다. 그런 상태가 반복되다 보면 어느 순간 '도대체 내가 뭘 봤는지'조차 기억나지 않는다.

특히 숏폼 콘텐츠는 다음 영상이 더 재미있을지도 모른다는 기대를 계속 만들며 뇌를 붙잡는다.(이처럼 언제 보상이 나타날지 알 수 없는 구조를 '가변 보상 구조'라고 한다.)

"이번 건 별로였지만, 다음 건 진짜 재밌을지도 몰라."

예측할 수 없는 자극이 기대감을 만들고, 그 기대가 시선을 붙잡는 것이다.

중요한 건, 그 과정에서 기억으로 넘어갈 틈이 거의 없다는 점이다. 뇌 속 기억 저장소인 해마가 들어온 정보를 연결하고 저장해야 하지만, 무언가를 붙잡기도 전에 또 다른 자극이 밀려들기 때문이다. 그 결과 우리는 많은 장면을 봤지만 정작 중요한 것을 제대로 기억하지 못한다. 남는 것은 자극의 흐릿한 잔상뿐이다.

그러다 보면 머릿속은 마치 끊임없이 로딩 중인 화면처럼 멍해지고 그대로 멈춰 있는 느낌이 든다. 공부를 하거나 책을 읽으려고 앉아도 방금 본 영상의 리듬이 자꾸 떠오르고 집중은 흐트러진다. 이것이 바로 브레인 롯이 집중력을 갉아먹는 방식이다.

브레인 롯은 '나'라는 중심이 흐려지고 있다는 신호

문제는 이 시스템이 멈추기 어렵게 설계되어 있으며, 우리 뇌를 지나치게 몰아붙이고 있다는 것이다. 게다가 더 큰 문제가 있다.

브레인 롯은 이제 가짜 정보, 생성형 AI, 딥페이크 같은 더 무거운 문제들과 얽히고 있다. 특히 영상 중심의 SNS에 익숙한 사람일수록 짧은 자극에 반응하고, 빠르게 판단하고, 감정적으로 반응하는 패턴에 익숙해지는데, 그럴수록 비판적으로 읽고, 맥락을 파악하고, 사실을 확인하는 능력은 점점 약해진다. 그래서 그럴듯한 말이 검증 없이 통과되고, 분노와 조롱 같은 감정이 진실보다 먼저 퍼진다. 집중이 무너진 자리에 혐오가 들어오고, 분별은 밀려난다.

생각해보면, 우리는 하루에도 수십 번 선택의 순간을 맞이한다. 이 정보가 사실인지 아닌지, 이 말이 맥락에 맞는지 아닌지, 이 감정이 내 것인지 아니면 누군가 심어놓은 것인지. 그런데 뇌가 쉬지 못하고 자극에만 반응하는 상태가 반복되면, 이에 대한 판단이 점점 흐려진다. 멈춰서 생각할 여유가 없으니, 눈에 띄는 것, 감정을 건드리는 것, 빠르게 자극하는 것에 먼저 반응하게 된다. 그리고 그 반응이 쌓이면서 어느새 내가 무엇을 믿고, 무엇을 좋아하고, 무엇에 화가 나는지조차 스스로 알기 어려워진다.

그러다 보면 '나는 어떤 사람인가, 나는 무엇을 중요하게 여기는가, 나는 지금 무엇을 느끼고 있는가'와 같은 질문들에 대한 답이 점점 사라진다. 자극이 넘치는 환경에서 '나'라는 중심이 조금씩 지워지는 것이다.

'브레인 롯'은 점점 '나'라는 중심이 흐려지고 있다는 신호다. 뇌가 흐려지면 판단이 흐려지고, 판단이 흐려지면 선택이 흐려진다. 그리고 선택이 흐려지면 내 삶의 주도권도 함께 흔들린다.

지금 우리의 뇌는 정말 너무 많은 걸 겪고 있는 중이다. 그래서 때로는 멈추는 것이 게으름이 아니라 나를 되찾는 일이 된다. 쉬는 것이 낭비가 아니라 뇌가 다시 제 속도를 찾는 시간이 되는 것이다. 브레인 롯을 이해하게 되면 결국 이 질문으로 이어진다.

나는 지금 내 뇌를 어떻게 쓰고 있는가?

5

끝없는 '비교'의 늪

한 대안학교의 학생자치회가 에세이 과제를 올리는 온라인 카페에서 서로의 글에 '좋아요'를 누르지 않기로 결정했다는 얘기를 듣고 적잖이 놀랐다.

각자의 글은 저마다의 시간과 마음이 담긴 결과물이다. 그런데 누군가의 글에 '좋아요'가 몰리는 순간, 그 글은 더 좋은 글처럼 보이고, 반대로 반응이 적은 글은 덜 소중한 것처럼 밀려나기 쉽다. '좋아요'는 감상의 표현처럼 보이지만, 실제로는 평가의 숫자가 되어 글의 가치에 등수를 매겨버린다. 이 문화를 그대로 따라가기보다 그것이 빚어낸 부작용을 구조 바깥에서 바라보는 시선, 그리고 그것을 꺼내어 함께 이야기 나누는 학생들의 행동에서 한 수 배웠다.

학생들이 그러한 결정을 내릴 수 있었던 건, '좋아요'가 단순한 반응이 아니라 비교의 도구가 된다는 걸 경험으로 알았기 때문일 것이다.

비교만큼 인간을 취약하게 만드는 게 또 있을까? 비교는 인간이 사회적 존재로 진화해오면서 생존을 위해 갖게 된 본능이기도 하다. 다른 사람을 보며 내 위치를 가늠하고, 강한 상대로부터 가해지는 위험을 피하고, 더 나은 선택을 하려는 감각. 비교는 우리가 삶을 영위할 수 있게 해준 능력이기도 하다.

하지만 지금 우리가 살고 있는 디지털 시대에는 이 비교가 더 과도하고 왜곡된 방식으로 작동한다.

보는 것만으로도 비교는 시작된다

스마트폰 시대 이전에는 비교 대상이 주로 학교, 동네, 동아리 등 현실에서 만나는 사람들이었다. 내가 발 딛고 있는 공간 안에서만 비교가 이루어진 것이다. 그런데 지금은 어떤가? 소셜 미디어를 열면 전 세계 사람들의 일상이 한꺼번에 쏟아진다. 비교 대상이 사실상 무한대가 된 셈이다.

책 《불안 세대》는 이 변화가 많은 청소년으로 하여금 자신의 삶을 '평균 이하'로 느끼게 할 가능성을 극적으로 높였다고 말한다. 생각해보면 당연한 일이다. 비교할 수 있는 사람이 많아질수록 '나는 왜 이것밖에 안 되지?'라는 생각이 끼어들 틈도 그만큼 많아질 테니까.

특히 인스타그램이나 틱톡같은 '시각 중심' 플랫폼은 더더욱 그렇다. 사람들은 SNS에 무엇을 올릴까? 가장 빛나는 순간, 가장 예쁜 각도, 가장 완벽한 장면이다. 평범한 월요일 아침이나 지저분한 책상은 올라오지 않는다. 그런데 그걸 보는 우리는 그 조각난 장면을 '저 사람의 일상 전체'로 착각한다. 결국 내 평범한 하루를 누군가의 하이라이트와 비교하게 되는 셈이다. '저건 일부일 뿐'이라는 걸 머리로는 알아도, 감정은 이미 반응하고 있다. 이미지는 생각할 틈도 없이 곧바로 마음에 닿으니까.

무엇보다 심각한 건 그 비교의 방향이 거의 항상 위쪽을 향한다는 것이다. 나보다 더 예뻐 보이는 사람, 더 인기 있어 보이는 친구, 더 신나 보이는 누군가의 일상. 그 장면들을 마주할 때마다 '나는 왜 저렇지 못할까'라는 생각이 굳이 들지 않아도, 마음 어딘가에서 그 감각이 조용히, 그러나 꾸준히 쌓인다.

이런 비교가 가끔은 '나도 저렇게 해봐야지!'라는 자극이 되기도 한다. 하지만 솔직히 말하면, SNS 환경에서는 그런 긍정적인 경우보다 자기비하와 불안, 우울로 이어지는 경우가 훨씬 많다. 비교가 반복될수록 자존감은 조금씩 낮아지고, 나도 모르는 사이 '나는 부족한 사람'이라는 감각이 슬그머니 일상 속에 자리를 잡는다.

《불안 세대》는 특히 여자 청소년들에게 이 과정이 더 깊게 작용한다고 지적한다. 여자아이들은 사회화 과정에서 관계 속에서 서로의 감정을 나누고 그 안에서 자신을 찾아가는 경향이 강하게 형성되는데, 소셜 미디어는 그 따뜻한 관계의 공간을 어느새 '서로를 비교하고 평가하는 무대'로 바꿔버린다는 것이다.

좋아요, 댓글, 공유 수는 어느새 나의 인기를 측정하는 숫자가 되었다. 친구의 사진에 눌린 하트 개수, 내 게시물에 달린 반응이 곧 내 가치를 가늠하는 척도가 되는 것이다. 그 순간, 친구는 더 이상 함께 웃는 존재가 아니라 나의 위치를 확인하는 기준점이 되어버린다. 뭔가 너무 이상하지 않은가?

SNS는 '인정 욕망'이 가장 날것으로 드러나는 공간

이런 비교는 관계의 질도 바꿔놓는다. 과거에는 '함께 있음'이 관계의 핵심이었다면, 지금은 '보여짐'이 관계의 조건이 되어버렸다. 친구와 함께 있는 순간에도 "이거 스토리로 올릴까?" "이 각도가 더 잘 나올까?"를 먼저 생각한다면, 우리는 친구를 더 이상 '사람'으로 보는 것이 아니라 '장면'으로 소비하고 있는 것이다.

SNS는 현대 사회의 '인정 욕망(recognition desire)'이 가장 직접적으로 드러나는 공간이기도 하다. 인정 욕망의 바탕에는 '나를 알아봐 줘'라는 인정 욕구가 있다. 인간은 타인의 시선을 통해 자신을 확인하고, 인정받음으로써 존재의 의미를 느낀다. 누군가에게 "잘했다", "좋다", '멋지다'라는 말을 듣는 경험은 누구에게나 힘이 된다. 이런 인정 욕구는 자연스러운 것이고, 때로는 우리를 성장하게 하는 동력이 되기도 한다.

하지만 인정 욕구가 점점 더 강한 욕망으로 확대될 때 문제가 발생한다. 어느 순간 우리는 내가 무엇을 좋아하는지보다 다른 사람들이 어떻게 반응할지를 먼저 생각하게 된다. 내가 올린 사진에 하트가 몇 개 달렸는지, 댓글이 얼마나 달렸는지, 누가 스토리를 봤는지 같은, 오직 타인의 인정만을 바라는 지경에 이르는 것이다.

특히 SNS에서의 인정은 오래 지속되지 않는다. 하트와 댓글은 잠깐 반짝일 뿐이고, 다음 게시물이 올라오는 순간 사람들의 관심은 곧바로 다른 곳으로 이동한다. 이런 구조 속에서 사람들은 더 자주 올리고, 더 강하게 표현하고, 더 완벽하게 보이려 애쓴다. 조금이라도 눈에 띄기 위해 사진을 고르고, 문장을 다듬고, 올리고 나서는 알림을 확인하고 또 확인한다. 5분 전에 올린 게시물에 반응이 없으면 괜히 불안해지고, 하트 하나에 기분이 올라갔다가 반응이 뜸해지면 금세 가라앉는다. 어느새 나는 '타인의 반응을 기다리는 사람'이 되어간다.

여기서 중요한 건, 우리가 나와 다른 사람을 '찬찬히' 이해할 시간이 점점 줄어든다는 점이다. SNS는 우리에게 연결의 가능성을 열어주지만, 동시에 다른 사람의 시선을 지나치게 의식하게 만들기도 한다. 어쩌면 우리는 '잘 지내고 싶은 마음'보다 '잘 지내는 것처럼 보이고 싶은 마음'에 더 몰두하고 있는 건 아닐까? 무엇을 좋아하는지보다 무엇이 좋아 보일지를 먼저 고민하고, 어떤 삶을 살고 싶은지보다 어떤 모습이 더 괜찮아 보일지를 먼저 생각하게 되는 것이다.

인정 욕망은 결국 나를 있는 그대로 드러내기보다 다른 사람의 기준에 맞춰진 나를 만들어낸다. 그렇게 조금씩 화면 속 '나'와 실제 '나' 사이의 거리가 벌어진다. 그 간격이 커질수록 그 사이에서 우리는 더 쉽게 흔들리고 우울해진다. 그러는 사이 정작 '나는 어떤 사람인가'라는 질문에는 점점 더 대답하기 어려워지는지도 모른다.

비교의 악순환을 멈추기

그렇다면 우리는 어떻게 이 비교의 악순환 고리를 끊을 수 있을까?

비교는 타인이 존재하는 한 피할 수 없는 감정일 것이다. 그리고 지금 우리는 역사상 가장 많은 타인과 연결된 시대에 살고 있다.

하지만 그 비교로 인해 내가 초라해지지 않고 오히려 성장을 하게 된다면 어떨까? 중요한 것은 비교를 내 인생에서 없애려 애쓰기보다 비교의 방향을 바꾸는 일이다. 나 역시 이 문제에 대해 여러 고민을 해온 사람으로서, 다음 세 가지 차원으로 나눠 이야기해보려 한다. 여러분이 비교로 마음이 움츠러들고 스

스로가 초라하게 느껴질 때 이 말들을 떠올려주길 바라는 마음
으로 정리해보았다.

① 저 사람이 부럽다면, 잘됐다!

누군가 성취한 것을 볼 때 우리는 두 가지 감정을 동시에 느
낀다. '부럽다'와 '나도 저렇게 되고 싶다'. 부럽다는 마음을 오
래 붙잡고 있으면 움츠러들게 되지만, '나도 저렇게 되고 싶다'
라는 마음에서 비롯된 '그렇다면 무엇을 노력하면 될까?'라는
생각은 나를 성장시킨다. 다른 사람의 모습에서 배우고 싶은
점, 닮고 싶은 태도를 발견한다면 비교는 나를 앞으로 나아가게
하는 자극이 된다.

예를 들어, 친구가 꾸준히 공부하여 목표를 이루는 모습을 본
다면 '나는 왜 저렇게 못하지?' 대신 '저 친구의 묵묵한 꾸준함
을 나도 실천해봐야겠다.'라고 생각해보는 거다. 그 순간부터
부러움은 질투가 아니라 동력이 된다. 다른 사람의 성취 앞에서
위축되지 않고 그 안에서 자신의 가능성을 찾아보는 것. 부럽다
는 감정이 든다면, 잘됐다. 그 마음이 나를 어딘가로 데려다줄
거라는 신호니까.

② 어제보다 나아졌다면, 그걸로 충분하다!

"나는 저 사람보다 부족해."라는 말이 결핍의 언어라면, "나
는 어제보다 집중을 오래 했어.", "작년의 나보다 훨씬 침착하

게 대처했어."라는 말은 성장의 언어다. 생각해보면 우리는 경험과 성찰 면에서 무조건 과거보다 많은 것이 쌓여가고 있다. 사실 도태되고 싶어도 도태될 수가 없다. 이미 어제보다 성장하고 있으니까.

인간은 저마다 '고유한 존재'이기 때문에 본질적으로 비교할 수 없다. 모두가 다르고, 그 자체로 온전한 존재로서 자신만의 삶을 살아간다. 비교의 대상을 '다른 사람'이 아니라 '과거의 나'라는 내부 기준으로 바꾸는 것만으로도 크게 달라진다. 타인에게 향하던 시선을 '나'에게로 돌리는 순간, 쓸데없는 비교로부터 나를 지켜낼 수 있다는 걸 알게 될 것이다. 어제보다 나아졌다면, 그걸로 충분하다!

③ 나는 지금 내 속도로 가는 중, 묵묵하게!

우리는 종종, 아니 자주, 사회가 만들어 놓은 속도에 자신을 맞춰야 할 것 같은 압력에 시달린다. 남보다 뒤처졌다는 생각이 불안을 낳고, 불안은 스스로를 더 지치게 한다.

의미 없는 비교에 에너지를 낭비하기보다 나의 속도와 방향을 스스로 존중하는 태도는 삶에서 아주 중요하다. 생각해보면 비교할 수 있는 타인이 사실상 무한대인 이 시대에, 남을 기준으로 삼는다면 우리는 영원히 부족한 사람이 될 수밖에 없다. 이미 수고하고 있는 것, 이미 잘하고 있는 것, 오늘 애쓴 것을 존중하는 태도를 스스로에게 보인다면 내면이 안정되고 단단해질 것이다. 같이 한번 되뇌어보자.

'나는 뒤처진 게 아니라 그냥 내 속도로 가고 있는 중이다.'

'묵묵하게!' 이 단어 참 좋지 않은가!(나는 이 말을 사용할 때 힘이 생긴다)

비교를 멈춘다는 건 단순히 SNS를 덜 하는 문제가 아니다. 그것은 시선의 방향을 다시 자신에게로 돌리고, 삶의 중심을 다시 세우는 일이다. 행복은 다른 사람의 '하이라이트'를 따라잡는 데서 오지 않는다. '좋아요'의 개수보다 일상에서 웃음의 횟수가 많을 때, 많은 팔로워보다 내 이야기를 진심으로 들어주는 친구가 가까이에 있을 때, 댓글이 많은 것보다 온전히 자신에게 집중하며 성장하고 있다는 사실을 발견할 때, 우리는 불안에 매이지 않고 행복에 가까워질 수 있다.

 # 내 삶을 지키는 실천 2

비교가 올라올 때 멈춤 문장 5개

1. "지금 내가 보는 건 저 사람의 '하이라이트'일 뿐이야."

2. "나는 남의 속도가 아니라, 내 속도로 가면 돼."

3. "내가 지금 나도 모르게 비교를 하고 있구나. 애쓰는 내 마음을 먼저 챙기자."

4. "오늘의 나는 어제의 나보다 분명 나아지고 있다."

5. "나를 깎아내리는 말 대신 응원하는 말로 나를 대할 거야."

6

사유가 빠진 '포노 사피엔스'

2007년 1월, 아이폰이 등장하면서 시작된 스마트폰의 대중화로 인류는 새로운 문명을 맞이했다. 최근에는 스마트폰을 신체의 일부처럼 사용하는 인간을 뜻하는 '포노 사피엔스(Phono Sapiens)'라는 용어도 생겨났다. 포노 사피엔스는 '스마트폰(Smart Phone)'과 '지혜로운 인간(Homo Sapiens)'의 합성어로, 우리가 더 이상 손안의 기기를 '도구'로만 사용하지 않고, 그것을 매개로 사고하고 감각하는 존재로 변모했음을 의미한다. 이 변화는 단순한 기술 혁신이 아니다. 인간의 의식과 생활양식 전반을 재편한 문명적 전환이라고 할 수 있다.

그렇다면 이쯤에서 여러분의 생각을 묻고 싶다. 우리는 정말 스마트폰 덕분에 더 '지혜로워졌다'고 할 수 있을까? 분명 정보는 많아졌다. 그런데 정보가 많아졌다는 것이 곧 생각이 깊어졌다는 뜻일까? 오히려 정보가 너무 많아서 내가 직접 생각할 틈이 줄어든 건 아닐까? 검색하면 답이 나오고, 영상을 보면 누군가 대신 설명해주니 얼마나 빠르고 편리한가. 그런데 그 편리함 속에서 '내 생각'은 어디쯤 있을까?

자신의 생각이 빠진 대화

주변 사람들의 대화 스타일을 떠올려보면 그 힌트를 얻을 수 있다. 언젠가부터

"그거에 대한 내 생각은 말이야…"

같은 말보다

"유튜브에서 봤는데…"

"누가 그러던데…"

와 같은 말이 훨씬 더 많이 들린다.

물론 정보를 공유하는 것 자체는 문제가 아니다. 문제는 어디선가 들은 정보가 그대로 대화 속으로 들어올 때다. 그 순간부터 대화는 '전달'이 된다. 말은 많아지는데, 정작 내 생각은 빠져버린다.

다른 사람과의 대화에서 '자기 서사'가 빠진다는 것은, 결국 자신만의 고유한 성찰이 얕아지고 있다는 신호다. 이런 현상은 특정한 누군가의 문제만은 아니다. 지금 우리 모두에게 조용히 일어나고 있는 변화다.

알고리즘의 목표는 '나의 성장'이 아니라
'내가 오래 머무는 것'

그렇다면 왜 우리는 자기만의 생각을 잃어가는 걸까? 그 원인 중 하나는 유튜브 알고리즘의 구조에서 찾을 수 있다. 유튜브 알고리즘은 처음 서비스를 시작한 2005년 무렵에는 단순히 '조회 수'를 중심으로 작동하다가 이후 '시청 지속 시간'이 중요한 지표가 되었다.

2016년부터는 머신러닝을 통해 시청 시간뿐 아니라 복합적인 요소를 실시간으로 분석하여 개인 맞춤형 추천을 제공하기 시작했다. 검색 기록, 머무는 시간, 좋아요와 댓글 등을 분석해 '당신이 오래 볼 만한 다음 영상'을 계속 던져준다. 한 번 더, 또 한 번 더 머물게 하기 위해서.

한 가지 꼭 기억해야 할 것이 있다.

알고리즘의 목표는 '내가 성장하는 것'이 아니다. '내가 오래 머무는 것'이다. 스스로 생각하기 전에 먼저 추천이 뜨고, 스스로 질문하기 전에 먼저 답이 도착한다. 그래서 우리는 알고리즘의 바다에서 나만의 이야기와 나만의 생각, 즉 주체성을 찾기가 점점 어려워진다.

나도 모르게 끌려가는 중

실제로 유튜브에서 자극적인 영상 하나를 보고 나면, 다음 추천 영상이 더 자극적인 콘텐츠로 채워지는 경험을 해봤을 것이다. "어, 나 왜 이런 거 보고 있지?" 싶었던 순간 말이다. 사용자가 오래 머물수록 플랫폼에 유리하기 때문에 알고리즘은 분노하거나 놀라거나 충격을 주는 콘텐츠를 계속 추천하는 경향이 있다. 자극적인 콘텐츠가 시청 시간을 늘린다는 것을 알기 때문이다. 그래서 혐오 발언이나 극단적인 콘텐츠 확산에 플랫폼의 구조가 영향을 준다는 비판도 꾸준히 제기되고 있다.

또한 SNS에서 누군가를 비난하거나 조롱하는 게시물이 '좋아요'와 공유를 더 많이 받는 경우를 본 적이 있을 것이다. 알고리즘은 감정적 반응이 강한 콘텐츠가 더 널리 퍼지도록 작동한다. 그래서 재미있거나 따뜻한 이야기보다 분노나 자극을 불러일으키는 콘텐츠가 더 빠르게 확산되는 경우가 많다.

이 현상이 단순한 개인의 느낌이 아니라는 점은 플랫폼의 설계 방식을 보면 더 분명해진다. 예를 들어 페이스북은 '좋아요'와 공유가 많은 게시물이 더 널리 퍼지도록 설계되어 있는데, 이 구조는 자연스럽게 분노와 혐오를 자극하는 콘텐츠가 확산되기 쉬운 환경을 만든다. 유튜브 역시 시청 시간을 늘리기 위해 음모론, 혐오 발언, 정치적 선동처럼 극단적인 영상을 추천하는 경향이 있다는 비판을 받아왔다.

결국 우리가 온라인에서 경험하는 많은 일은 우연히 벌어지는 것이 아니다. 그렇게 작동하도록 만들어진 구조가 불러온 결과라고 볼 수 있다.

소비에서도 비슷한 일이 벌어진다. 온라인 쇼핑몰과 SNS는 사용자의 시청 기록과 구매 이력을 분석해 '살 것 같은 물건'을 추천한다. 그러다 보면 우리는 정말 필요해서 물건을 사기보다 알고리즘이 예측한 욕망에 따라 소비를 하게 된다. 내가 고른 게 아니라, 고르도록 유도된 것일 수도 있다는 말이다.

OTT 서비스도 비슷하다. 넷플릭스, 왓챠, 티빙의 '당신을 위한 추천'은 비슷한 취향과 인기작을 반복해서 노출하는 경향이 있다. 그 결과 다양한 작품을 접할 기회가 줄어들고, 문화적 선택의 폭이 점점 좁아진다.

네이버나 구글의 뉴스 추천 역시 마찬가지다. 사용자의 관심사와 클릭 기록을 기반으로 뉴스를 추천하기 때문에, 다양한 관점을 접하기보다 자신의 신념이나 감정에 맞는 기사만 반복적으로 보게 된다.

쇼핑도, 영상도, 뉴스도 우리는 '내가 선택했다'고 느끼지만, 사실은 알고리즘이 설계한 길 위를 걷고 있는 것일지 모른다.

지혜로운 포노 사피엔스란 무엇인가?

그렇다면 '지혜로운 포노 사피엔스'는 어떤 존재일까?

기술을 배척하지 않으면서도 그 편리함에 종속되지 않는 존재다. 알고리즘이 손쉬운 선택을 건네는 상황에서도 생각하고 느끼는 주체로서의 자신을 잃지 않는 사람, 데이터 분석으로 제시되는 수많은 가능성 중에서 '나에게 진정 의미가 있는 선택'을 분별해낼 줄 아는 사람이다.

그것은 단순히 스마트폰을 현명하게 사용하는 습관을 넘어서는 일이다. 세상을 바라보는 시선의 깊이를 유지하고, 인간에 대한 이해의 온도를 지켜내는 일과도 맞닿아 있다.

무엇보다 중요한 것은, '내가 지금 보고 있는 것이 알고리즘이구나.'라고 알아채는 일이다. 그 사실을 알아차리는 순간 우리는 무심코 흘러가던 선택의 흐름에서 한 걸음 물러설 수 있다. 바로 그 잠깐의 거리두기가 중요하다. 알고리즘이 보여주는 것과 내가 진정으로 원하는 것이 같은지 스스로에게 묻는 순간, 우리는 기술에 끌려가는 존재가 아니라 선택하는 존재가 된다.

기술을 사용하면서도 자신의 생각과 판단을 잃지 않고, 화면 속 수많은 선택지 앞에서 '나는 지금 무엇을 보고 싶은가', '나는 지금 무엇을 선택하고 있는가'를 스스로에게 물을 수 있는 사람. 그 질문을 잃지 않는 한, 우리는 충분히 지혜롭다.

세계적인 역사학자 유발 하라리의 경고

유발 하라리라는 역사학자가 쓴 《사피엔스》라는 책이 있다. 인간에 대해 관심이 많은 사람이라면 이 책을 읽어봤거나 적어도 들어봤을 거라고 생각한다.(인류에 대해 많은 이해를 하게 하는 책이다. 추천!) 이 책과 이어서 출간한 《호모 데우스》 그리고 《넥서스》에 담긴 여러 흥미로운 내용 중 몇 가지를 함께 나누고자 한다.

먼저, 약 7만 년 전 일어난 인지 혁명이 호모 사피엔스가 지구를 지배하게 된 결정적인 사건이며, 이때의 핵심 능력이 바로 '허구를 말하는 능력'이라는 점이다. 예를 들어, '강 건너에 사자가 있다'라는 객관적 사실을 전달하는 것을 넘어서 '수호신이 있다'는 식으로, 존재하지 않는 것을 상상하고 집단적으로 공유하는 것들이 많아지면서 서로 모르는 수천 명이 하나의 목표를 위해 힘을 합칠 수 있게 되었다는 것이다. 국가, 인권, 종교, 화폐 같은 것들도 사실 눈에 보이지 않지만 사람들이 믿기 때문에 존재하고 작동한다. 인류가 이런 방식으로 협력할 수 있었기에 문명이 발달할 수 있었다고 하라리는 설명한다.

또 하나 흥미로운 개념은 책의 후반부에 등장하는 '호모 데우스'인데, 라틴어로 '신이 된 인간'을 뜻한다.

하라리는 인간이 생명공학과 인공지능을 통해 신체적, 인지적 능력을 확장하여 이전과는 다른 새로운 형태의 인류로 변화할 가능성을 이야기한다.

그런 차원에서 지금 시대 그리고 앞으로의 시대에 등장하는 새로운 종교에 대해서 언급했는데 바로 '데이터교'다. 데이터교는 신이나 인간 중심의 세계관을 넘어, 세상의 모든 존재와 현상을 '데이터의 흐름'으로 이해하는 신념 체계로서, 인간의 사고와 감정, 행동, 심지어 생명까지도 정보의 입력과 출력으로 환원하려는 세계관이다.

이러한 기술 진보 속에서 인간의 직관과 감정은 점점 불완전한 요소로 간주되고, 대신 '비이성적 인간'보다 '효율적인 알고리즘'이 더 낫다는 믿음이 사회 전반에 뿌리내리게 되었다. 이 과정에서는 특히 인간의 자유의지가 위협받는데, 인간이 스스로 선택한다고 믿는 순간조차 이미 알고리즘이 그 선택을 예측하고 설계해두었을 가능성이 있다. '내가 원하기 때문에 클릭한다'는 명제가 '시스템이 나를 그렇게 설계했기 때문에 클릭한다'로 바뀌는 것이다. 다시 말해 인간의 자율성은 심각하게 흔들린다.

유발 하라리는 이러한 시대를 "의식 없는 통치자", 즉 알고리즘이 인간을 통제하는 사회로 규정하며, 기술이 자유를 약속했던 시대가 오히려 새로운 형태의 종속을 만들어내고 있다고 진단한다. 이런 경고는 우리가 여전히 인간으로서 질문을 잃지 않아야 한다는 걸 의미한다.

7

뇌를 괴롭히는 불청객, 잉여 정보

친구랑 약속을 하거나 여행을 갈 때면 맛집이나 근처 가볼 만한 곳을 검색한다. 그렇지만 알아놓은 식당과 장소 가운데 막상 당일에 실제로 가보는 곳은 한두 군데 정도다. 갑자기 다른 게 먹고 싶거나 다른 아이디어가 떠올라서 애써 모아둔 정보를 활용하지 않을 때도 많다.

이건 MBTI의 J냐 P냐를 넘어서 검색을 통해 수많은 정보를 순식간에 확보할 수 있는 지금 시대에는 아주 흔한 일이다. 물론 마치 월드컵 대회처럼 수많은 맛집 정보를 알아놓고 치열한 접전(고민) 끝에 가장 맛있어 보이는 한 곳을 정해서 가는 재미 또한 무시할 수 없다. 그러다 문득 이런 생각을 하게 되었다.

'내가 너무 많은 잉여 정보를 알기 위해 시간을 너무 많이 보내는 건 아닐까?'

진짜 필요한 정보는 무엇인가

특히 해외여행을 갈 때는 유튜브나 포털 검색, AI로 정보를 모으고 모으다 보니 오히려 정보에 매여서 정작 내가 어떤 여행을 하고 싶은지 놓치는 경우도 있다.

이뿐만이 아니다. 관심도 없는 연예인에 대한 기사, 건강이나 운동과 관련된 정보, 전시회 소식 등 굳이 원하지 않는 정보들까지 너무 많이 입수하고 있는 건 아닌가 싶을 때도 있다.

과연 우리는 내가 알고 싶은 정보를 더 많이 아는 걸까, 관심이 없는 정보를 더 많이 아는 걸까?

우리는 매순간 압도적인 양의 정보 속에서 살아간다. 스마트폰 화면을 켜는 즉시, 하루가 유튜브 추천 영상(보려는 생각이 없었으나 추천을 보고 보게 되는 것들), SNS 피드(그 사람의 안부가 궁금한 게 아니었는데), 쇼핑몰 광고(필요하다고 생각한 게 아닌데 보는 순간 필요하다고 여기게 되는) 등으로 가득 차 버린다. '보고 싶지 않아도 보게 되는 세상'에서 우리는 쉴 새 없이 무언가를 읽고, 듣고, 넘기며 살아간다. 원하든 원치 않든 이 끝없는 정보의 파도 속에서 우리의 머릿속은 늘 가득 차 있다.

이런 정보들 중에는 정말로 필요한 것도 있지만, 사실 대부분은 당장에 쓸모없는 '잉여 정보'다. 오늘 본 짧은 영상, 누군가의 댓글, 광고 문구 하나까지도 우리 뇌는 일단 다 받아들인다. 그런데 문제는 이 '잉여 정보'가 사라지지 않는다는 데 있다. 잠깐 머물다 사라지는 것 같지만, 뇌 속에 작은 흔적으로 남아 주의력을 빼앗고, 집중해야 할 순간에도 느닷없이 불쑥 떠오르곤 한다.(꿈에서 재현되기도 한다.)

뇌는 정보를 어떻게 처리할까

우리 뇌는 세상의 모든 정보를 담아둘 수 없다. 눈에 보이는 것, 귀로 들리는 것, 몸으로 느끼는 자극을 전부 기억한다면 인간은 하루도 버티지 못할 것이다. 그래서 뇌는 살아남기 위해, 그리고 효율적으로 생각하기 위해 끊임없이 정보를 골라내고 분류하는 작업을 한다.

교실을 한번 예로 들어보자. 교실에는 여러 색깔의 책, 친구들의 목소리, 창가에 비쳐 든 햇빛 등 다양한 요소가 있다. 그런데 그중에서 내가 진짜 집중하는 건 '지금 선생님이 말하는 수업내용'뿐일 때가 있다.

뇌는 이처럼 지금 중요한 것만 남기고, 중요하지 않은 것들은 과감히 잘라내는 엄청난 능력을 지니고 있다. 뇌는 우리에게 필요 없는 정보들(예를 들어, 오늘 점심시간에 우연히 들은 잡담 소리나, 지나가면서 본 광고문구 같은 것들)을 계속 붙잡고 있지 않는다. '시냅스 가지치기'라는 과정을 통해 불필요한 연결을 정리하고, 중요한 정보만 남겨 사고의 속도와 정확성을 유지하려고 하기 때문이다. 가지치기를 하지 않으면 나무가 건강하게 자랄 수 없듯, 뇌도 불필요한 연결을 비워내야 더 깊이 생각할 수 있다.

왜인지 모르지만 그렇게 느껴져

그렇다고 모든 잉여 정보가 흔적도 없이 사라지는 것은 아니다. 뇌는 필요 없다고 여긴 정보라도 그 조각을 아주 얇고 희미하게 다른 기억과 감정의 층 위에 덧입혀 잠재의식 어딘가에 넣어둔다. 그리고 그렇게 저장된 조각들은 시간이 지난 뒤 예상치 못한 순간에 새로운 아이디어나 직관으로 떠오르기도 한다. 예를 들어, 며칠 전 스쳐 지나가며 본 한 문장이 나중에 글을 쓸 때 번쩍 떠오르거나, 특별히 관심을 두지 않았던 풍경이 그림을 그릴 때 영감이 되는 것처럼.

잉여 정보의 진짜 문제는 '정보가 많다'는 데 있는 게 아니라 그 어떤 것도 깊이 머무르지 못한다는 데 있다. 우리는 하루 종일 엄청난 양의 정보를 접한다. 일상에서 보고 듣는 것, 공부하는 것, 거기에 디지털 정보까지. 하지만 그중 대부분은 머릿속을 스쳐 지나갈 뿐, 제대로 된 '앎'으로 자리 잡지 못한다. 마치 물 위에 던져진 돌멩이처럼 순간적인 파문만 남기고 금세 사라지는 것이다.

인지과학자 대니얼 J. 레비틴은 책 《정리하는 뇌》(와이즈베리, 2015)에서 '주의력은 유한한 자원이다'라고 말했다. 우리 뇌가 실제로 에너지와 주의력을 일정 수준 이상 유지하지 못한다는 뜻이다. 너무 많은 정보가 밀려들면 뇌는 그 어느 것도 제대로 붙잡지 못한 채 표면만 훑게 된다. 그 결과 집중이 흐트러지고, 깊이 있게 아는 능력이 조금씩 흐려진다. 이것이 잉여 정보가 불러오는 첫 번째 문제다.

여기서 끝나지 않는다. 스쳐 지나간 정보들은 완전히 사라지는 게 아니다. 뇌 속에는 '인지 잔향'이 남는다. 뉴스에서 본 문장 하나, 유튜브 영상의 한 장면, 스쳐 지나간 낯선 사람의 댓글 한 줄이 아주 약하게, 그러나 분명하게 마음속 어딘가에 머문다. 우리가 의식하지 못하는 사이, 이 작은 잔향들이 쌓여 우리의 판단, 감정, 편견, 기대를 미묘하게 비틀고 흔든다.

'왜 그런 느낌이 들었는지 모르겠어.'

'별 생각 없이 넘어갔던 건데, 막연하게 그렇게 느껴져.'

이 막연함의 배후에는 수없이 스쳐 지나간 잉여 정보의 잔향이 있다. 이 잔향들은 처리되지 못한 채 뇌의 작업 공간 한 켠을 계속 차지한다. 그러다 보면 어느 순간 이유 없이 피곤해지고, 쉽게 짜증이 나고, 판단력이 흐려진다.

그 상태에서 우리는 깊이 생각해야 하는 콘텐츠보다 짧고 자극적인 것에 자꾸 손이 가게 된다. 짧고 빠른 영상, 자극적인 제목, 과한 표현이 더욱 주목받는 이유도 여기에 있다. 잉여 정보는 단순히 다양한 정보를 깊이 있게 접할 기회를 빼앗는 데서 그치지 않는다. 제대로 생각할 힘을 조금씩 갉아먹고, 우리의 감정과 판단을 조용히 잠식해간다. 하루 종일 아무것도 하지 않고 누워서 스마트폰만 봤는데 쉬었다는 느낌보다 피곤하게 느껴지는 이유가 바로 여기에 있다.

정보 금식을 해보자

'내가 정보를 소비하는가, 아니면 정보가 나를 소비하고 있는가?'

잠깐 이 질문에 대해 한번 생각해보자. 내가 찾은 것도 아니고, 원한 것도 아닌데 어느새 눈앞에 펼쳐져 있는 뉴스, 영상, 댓글, 알림들. 그 흐름에 그냥 몸을 맡기다 보면 어느 순간 내가 정보를 보는 건지 정보가 나를 끌고 다니는 건지 구분이 안 될 때가 있다.

그래서 필요한 것이 바로 '선택적 무지'다. 선택적 무지란, '내가 무엇을 알고, 무엇은 그냥 모르는 채로 놔둘 것인가'를 스스로 결정하는 것이라고 할 수 있다. 모든 걸 다 알아야 한다는 강박에서 벗어나, 어떤 것은 굳이 찾지 않아도 괜찮다고 스스로에게 허락해주는 것이다. 모르는 채로 놔두는 것… 생각보다 꽤 괜찮은 일이다. 오히려 그 빈자리에서 뜻밖의 발견이 찾아오기도 하고, 내 안의 호기심이 살아나기도 한다. 검색창에 바로 답을 찾지 않고 잠시 궁금한 채로 머물러 본 적 있는가? "아 그 뭐지? 그거 있잖아, 나 알 것 같은데." 하거나 "내 추리에 의하면 말이야." 하고 스스로 답을 찾아보는 순간 말이다.

이렇게 잠깐 궁금한 상태로 머무는 시간은 생각보다 재미있다. 호기심은 뇌가 좋아하는 놀이이기 때문이다. 바로 이런 순간이 우리가 연습해볼 수 있는 작은 '정보 금식'이다. 정보 금식은 단순히 스마트폰을 멀리 두거나 SNS를 잠시 끊는 것이 아니다. 나에게 의미 있는 정보만 받아들이고, 불필요한 자극은 애초에 흘려보내겠다는 능동적인 선택이다. 알림이 울리지 않는 조용한 시간을 불안해하지 않고 받아들이는 것, 텅 빈 순간을 피하지 않고 그 공백 속에 그냥 머물러보는 것, 굳이 검색하지 않는 연습을 해보는 것. 이 모두가 정보 금식의 방식이다.

  그리고 한 가지 더. 내가 아무 생각 없이 스쳐 보낸 정보들이 완전히 사라진다고 생각하면 오산이다. 그것들은 내 안 어딘가에 얇은 층처럼 조용히 쌓인다. 그리고 내가 세상을 바라보는 방식, 무언가를 판단하는 기준, 심지어 내 감정까지 슬며시 바꿔놓는다. 내가 왜 그런 기분이 드는지 모를 때, 그 배경에는 무심코 흘려보낸 정보들이 있을지도 모른다. 더 많이 아는 것보다, 무엇을 알고 무엇을 흘려보낼지 스스로 결정할 수 있는 힘이야말로 정보가 넘쳐나는 이 시대에 진짜 필요한 힘이 아닐까.

  철학자 데카르트의 그 유명한 말, "나는 생각한다, 고로 나는 존재한다."는 생각하는 능력이야말로 인간을 인간답게 만드는 본질이라는 뜻이다. 그런데 지금 우리에게 필요한 질문은 어쩌면 '나는 지금 진짜로 생각하고 있는가, 아니면 쏟아지는 정보 속에서 그냥 반응하고 있는가?'가 아닐까?

정보를 많이 아는 것과 깊이 생각하는 것은 다르다. 오히려 불필요한 것을 비워낼 때, 비로소 내 생각이 들어설 자리가 생긴다. 데카르트의 말을 지금 시대에 맞게 다시 쓴다면 이렇게 될지도 모른다.

"나는 비워낸다, 고로 나는 생각한다."

1

숏폼은 결코 숏폼이 아니다

여러분은 인스타그램의 릴스나 유튜브 숏츠를 보다가 계획했던 시간보다 훨씬 더 오래 머문 경험이 있는가? 여러 뇌과학자들은 숏폼 콘텐츠가 뇌의 집중력을 약화시킨다고 지적한다. 미디어 전문가들 또한 이 콘텐츠들이 눈에 보이지 않게 우리의 시간을 빼앗는 구조로 설계되어 있다며 주의를 당부한다.

그러나 아이러니하게도, 그들조차 때때로 이러한 숏폼을 보다 보면 자신도 모르게 시간을 허비하게 된다고 고백한다. 그리고 나 역시도 한때 숏폼을 멍하니 보면서 시간을 떠우던 때가 있었다.(이제 이 책 이후에 더더욱 숏폼 보는 것에 조심스러워질 것 같다. 하하)

잠깐만 볼까?

누누이 강조해온 것처럼 숏폼 콘텐츠가 노리는 것은 단순한 조회 수가 아니다. 그들이 진짜로 집중하는 것은 얼마나 오래, 얼마나 끝까지, 그리고 얼마나 다시 보게 만드는가다. 플랫폼은 평균 시청 시간, 완료율, 유지율, 재시청률과 같은 지표를 통해 우리의 '체류'를 정밀하게 계산하고, 크리에이터는 영상의 길이보다 시선을 붙잡는 설계에 모든 것을 건다. 화면 속 시간은 짧지만, 그 짧은 영상이 만들어내는 기대의 길이는 점점 더 길어지도록 정교하게 설계되어 있다.

우리는 스마트폰을 켜며 생각한다. '잠깐만 볼까?' 잠들기 전 침대 위에서, 버스를 기다리는 몇 분 동안, 혹은 점심시간의 짧은 틈에 무심코 인스타그램 릴스나 유튜브 숏츠를 열어서 보곤 한다. 하지만 시계를 보면 어느새 '잠깐'이 아니라 '한 시간'이 훌쩍 지나 있다. 짧은 영상들이 끝없이 쏟아지는 이 시대에, 어째서 우리의 시간은 그렇게 길게 사라지는 걸까? 숏폼은 결코 숏폼이 아니기 때문이다.

'콜드 오픈'의 위력

"이거 절대 따라 하지 마세요."
"이거 하나 때문에 인생이 바뀌었습니다."

"이거 학교에서 안 알려주는 이야기입니다."

"99% 사람들이 이걸 틀립니다."

"이 사람은 지금 시험에서 떨어졌습니다. 그런데 이유가 놀랍습니다."

"이 학생은 공부를 안 했는데 성적이 올랐습니다."

혹시 이런 스타일의 문구를 본 적이 있는가?

우리는 보통 영상을 볼 때 도입-전개-결말의 흐름을 자연스럽게 예상한다. 하지만 숏폼 영상은 정반대의 방식으로 설계된다. 설명보다 먼저 결과나 반전된 장면을 '턱' 하니 보여주고, 이유는 뒤로 미뤄둔다.

이런 기법을 전문용어로 '콜드 오픈(Cold Open)'이라고 부른다. 콜드 오픈은 본격적인 설명이나 배경을 제시하기 전에 가장 인상적인 장면이나 결과를 먼저 보여주는 방식이다. 말 그대로 '차가운 상태에서 열린다'는 뜻으로, 시청자를 단번에 이야기 속으로 끌어들이기 위해 사용되는 서사적 장치다.

이를테면, 누군가 눈물을 흘리는 장면, 또는 이미 사건이 벌어진 뒤의 결과부터 시작되는 영상이다. 이런 영상을 보면 우리는 본능적으로 이유가 궁금해진다.

'잠깐! 왜 저렇게 된 거지?'

이러한 의문이 드는 순간, 이미 영상의 중간으로 끌려 들어간다.

콜드 오픈은 '이야기의 이유를 알고 싶은 욕구'를 자극하는 장치이며, 짧은 시간 안에 시청자의 주의를 끌기 위한 가장 효과적인 심리 기술 중 하나다. 영상의 중간이나 끝부분에는 종종 미완의 질문, 즉 클리프행어(영상의 가장 긴장되는 순간에서 갑자기 끊는 기법)가 슬쩍 남겨진다. "다음 장면에서 알려줄게."라는 식의 짧은 문장 하나만으로도 이탈을 막고 유지율을 높이는 데 큰 효과를 발휘한다.

이때 핵심은 영상의 물리적 길이가 아니라, 그 안에서 기대를 끌고 가는 힘에 있다. '여기서 멈추면 손해일 것 같은데?'라는 느낌이 드는 순간, 우리의 손가락은 계속해서 다음 장면을 향해 움직인다. '호기심의 순간을 자극하는 설계'에 걸려든 것이다. 이유를 알고 나면 별거 아니기도 하고, 허무하기도 한 그런 경험, 다들 있지 않은가.

조금만 더…

시청자가 영상을 끝까지 다 보는 영상 완주율을 높이기 위해서는 한 영상에 여러 가지 이야기를 담기보다는 하나의 메시지만 명확하게 전달하는 것 또한 중요하다고 한다. 곁가지처럼 뻗어나가는 내용들은 과감히 정리해야 한다. 시청자의 집중을 흐트러뜨리는 군더더기는 그대로 이탈 지점이 되기 쉽다.

평균 시청시간을 끌어올리기 위해서는 영상 중간 중간에 작은 보상을 삽입하는 방식이 효과적이다. 예컨대 '요점 3초 요약'이나 '바로 전후 비교 컷', 혹은 '곧 보여줄 장면 티저' 같은 장치를 본 적이 있을 것이다. 이 장치는 시청자에게 끊임없이 '조금만 더 보면 뭔가 더 나올 것 같다'는 기대의 리듬을 만들어내며, 영상을 끝까지 보게 만드는 강력한 심리적 효과를 발휘한다.

영상의 중간이나 전환 부분마다 이런 '작은 보상'이 반복적으로 삽입되면, 시청자의 두뇌는 다음 장면을 예측하며 미세한 도파민을 분비한다. 그 결과, 우리는 피로를 느끼지 않고 오히려 '조금 더 봐야 할 이유'를 스스로 만들어내는 상태에 빠지게 되는 것이다.

숏츠는 또한 재시청을 유도하는 구조로 만들어진다. 초반에 핵심 장면을 먼저 보여주고 그에 대한 설명을 뒤쪽에 붙이는 방식인데, 이는 사람들이 처음 본 장면을 다시 확인하고 싶어 하는 심리를 자극한다. 결국 같은 60초짜리 영상이라도 이러한 구조를 통해 두 번 이상 반복 시청이 일어나게 되고, 그러면 총 시청시간은 자연스럽게 늘어난다.

기대와 보상의 리듬으로 시간을 훔치는 설계

틱톡이 전 세계를 휩쓸기 시작한 건 2019년 무렵이었다. 10대들이 유튜브 대신 틱톡을 켜는 시간이 길어지자, 유튜브도 가만히 있을 수 없었다. 그렇게 등장한 것이 바로 유튜브 숏츠다.

단순히 짧은 영상 기능 하나를 추가한 게 아니라, 변화하는 콘텐츠 소비 방식에 맞춰 플랫폼 자체가 바뀐 것이다.

그런데 흥미로운 점이 있다. 숏폼의 핵심이 단순히 '짧다'는 데 있지 않다는 것이다. 숏츠(최대 3분), 인스타그램 릴스(최대 3분), 틱톡(촬영 10분, 업로드 60분) 등 플랫폼마다 길이 제한은 다르지만, 그 원리는 모두 같다. 바로 '짧게 만드는 것'이 아니라 '짧게 느껴지게 하는 것'이다. 숏폼의 진짜 기술은 영상의 길이를 줄이는 데 있지 않다. 시간이 흐르는 걸 느끼지 못하게 만드는 편집, 다시 말해 시간 감각을 조작하는 편집의 미학에 있다.

'10분만 보자.'

우리가 침대에 누우며 하는 이 말이 사실상 '한 편'을 예고하는 것이 아니라, 끝없이 이어질 '다음 영상'의 시작인 이유가 이것이다. 다음 화면은 이전 영상의 마무리가 아니라, 또 다른 기대의 시작이다. 내가 '다음'을 선택한 것처럼 느껴지지만, 사실은 알고리즘이 미리 준비해둔 영상 위로 그냥 미끄러져 들어간 것이다. 즉, 선택한 게 아니라 끌려간 것이다.

플랫폼은 내가 어느 장면에서 멈추고, 어디서 넘기고, 얼마나 반복해서 보는지를 초 단위로 기록한다. 그 데이터를 바탕으로 '이 사람은 다음에 이걸 보면 멈춰 있을 것'이라고 예측해 영상을 띄운다. 그러니 시간이 얼마나 흘렀는지 알 리가 없다. '한 편을 다 봤다'는 마무리의 감각 없이, 기대하고 확인하고 또 기대하는 리듬이 끊임없이 이어지기 때문이다. 내가 시계를 보는 게 아니라 다음 영상이 내 시간을 재고 있는 셈이다.

5분만 더, 그리고 5분이 1시간이 되는 마법

이 리듬이 계속 이어지는 이유는 간단하다. 어떤 영상은 바로 재미있는 장면을 보여주지만, 어떤 영상은 별로 재미도 없고 내 취향도 아니다. 어떤 영상이 걸릴지 모르는 그 불확실함이 우리를 계속 붙잡는다.

"다음 영상은 더 재미있지 않을까?"

이런 기대가 생기는 순간 우리는 화면을 넘기게 된다. 그리고 그 다음 영상에서도 비슷한 일이 반복된다. 어떤 영상은 재미있고 어떤 영상은 그렇지 않지만, 그 사이에서 우리는 계속 다음 장면을 확인하고 싶어진다.

나도 종종 숏폼을 보다가,

'마지막 재미있는 영상 하나를 끝으로 그만 봐야지.'

하다가 재미있으면 더 재미있는 게 나올 것 같아서, 재미없으면 재미있는 게 나올 때까지 보다가 시간이 훌쩍 간 적이 있다. 마지막을 기가 막히게 재미있는 영상으로 장식하고 싶어서.

이렇듯 작은 기대와 작은 보상이 반복되다 보면 '조금만 더 보자'는 생각이 자연스럽게 이어진다. 처음에는 정말 5분만 볼 생각이었지만, 다음 영상 하나만 더 보고 싶은 마음이 계속 이어지면서 시간은 점점 늘어난다.

그래서 숏폼 영상에서는 '한 편을 다 봤다'는 느낌이 거의 남지 않는다. 끝났다는 감각이 없기 때문이다. 대신 다음 영상이 이어지는 흐름 속에서 시간만 계속 흘러간다. 결국 '5분만 더'라는 말이 반복되다 보면 어느새 30분, 한 시간이 지나가버린다. 이것은 단순히 의지가 약해서 생기는 일이 아니다. 우리의 주의를 오래 붙잡도록 설계된 구조 속에서 자연스럽게 일어나는 일이다.

이 때문에 일부 학자들은 숏폼 콘텐츠의 작동 방식을 도박과 비슷한 구조에 비유하기도 한다. 언제 재미있는 영상이 나올지 알 수 없기 때문에 '이번에는 재미있는 게 나올지도 몰라'라는 기대를 안고 계속 화면을 넘기게 된다는 것이다.

숏폼은 물리적으로는 짧지만, 정신적으로는 끝나지 않는다. 숏폼은 짧은 영상이 아니라 긴 시간을 훔치는 방식이다.

2

스마트폰 속 유튜브의 진짜 세계

한때 초등학생들의 장래희망 1순위는 '유튜버'였다. 교실 곳곳에서 "나도 유튜브 할 거야!"라는 외침이 울려 퍼지던 시절, 유튜브는 정말 꿈같은 공간처럼 보였다. 카메라와 마이크, 거기다가 조명까지 있으면 좋지만 사실 꼭 필요하지는 않았다. 스마트폰 하나만 있으면 누구나 영상을 찍고, 채널을 만들고, 세상에 자신의 이야기를 올릴 수 있었다.

영상 하나가 잘되면 '좋아요'와 '구독'이 쏟아지고, 어떤 사람들은 그걸로 유명해지고 돈도 벌었다. 그래서 많은 사람이 생각했다.

'와, 나도 그냥 유튜버나 할까?'

그런데 10여 년이 지난 지금, 상황은 꽤 달라졌다. 유튜버는 더 이상 가볍게 도전할 수 있는 꿈이 아니다. 수많은 사람이 이미 유튜브에 뛰어들었고, 그 안에서 오래 살아남는 사람은 생각보다 많지 않다. 게다가 연예인과 방송사, 대기업까지 유튜브 세계에 들어오면서 경쟁은 훨씬 치열해졌다. 이제 유튜브는 단순히 영상을 올리는 공간이 아니라, 많은 사람들이 치열하게 경쟁하는 하나의 거대한 시장이 되었다.

유튜브 창작자가 된다는 것

이런 변화 속에서 실제 유튜버들은 어떻게 생각할까.

나는 얼마 전에 6년 동안 여행 유튜브 채널을 운영하며 약 11만 명의 구독자를 보유한 여행 유튜버를 만나 이야기를 나눈 적이 있다.

요즘 청소년들이 유튜버라는 직업을 어떻게 생각하느냐고 묻자 그는 이렇게 대답했다.

"요즘 아이들은 유튜버를 직업이라기보다 취미와 직업 사이쯤으로 생각하는 것 같아요. 취미처럼 하면서 돈도 벌 수 있는 일이라고 보는 거죠."

요즘은 한 가지 직업만 갖기보다 여러 일을 동시에 하는 'N잡'이 흔한 시대다. 그래서 유튜브 역시 취미나 부업처럼 시작하는 경우가 많다고 했다.

"저도 처음에는 그냥 해보고 싶어서 시작했어요. 사실 뭐든 해봐야 알잖아요. 먹어봐야 무슨 맛인지 알듯이요."

그는 청소년들이 유튜브를 해보고 싶다면 무조건 말리지는 않는다고 했다.

"해보는 건 나쁘지 않다고 생각해요. 해봐야 '아 이게 이런 거구나' 하고 알게 되니까요.'

하지만 한 가지는 분명히 말했다. 유튜브도 결국 적성이 있는 일이라는 것이다.

"유튜브도 분야가 정말 다양하잖아요. 얼굴을 보여주는 채널이 맞는 사람도 있고, 안 보여주는 게 편한 사람도 있고요. 먹방을 할지, 여행을 할지, 리뷰를 할지 결국 자기한테 맞는 게 있어요."

또 많은 사람들이 유튜브를 시작할 때 너무 완벽하게 준비하려다 시작을 미루기도 한단다.

"완벽하게 준비하려고 하면 시작이 계속 늦어져요. 그래서 일단 해보는 것도 맞아요."

하지만 그렇다고 해서 누구나 성공하는 것은 아니라고 덧붙였다.

"정말 크게 성공하고 싶다면 연구도 많이 해야 해요. 어떤 콘텐츠를 할지, 사람들이 왜 보는지 고민해야 하죠."

요즘 유튜브 시장에 대해 묻자 그는 이렇게 말했다.

"솔직히 경쟁이 치열해진 건 맞아요. 연예인들도 다 유튜브 하잖아요. 돈이 되니까요."

하지만 기회가 완전히 사라진 것은 아니라고 했다.

"그래도 또 새롭게 뜨는 유튜버들은 계속 나오거든요. 결국 어떻게 하느냐가 중요한 것 같아요."

그리고 마지막에 이렇게 덧붙였다.

"다만… 생각만큼 쉽지는 않죠."

유튜버, 자유로운 창작자일까, 알고리즘의 일꾼일까

유튜브를 시작하면 누구든 스타가 될 수 있을까? 어떤 면에서는 맞다. 스마트폰 하나만 있으면 오늘 당장 채널을 만들 수 있기 때문이다. 하지만 그 문이 모두에게 열려 있다는 것은 동시에 그 안에 이미 엄청나게 많은 사람이 들어와 있다는 뜻이기도 하다.

유튜브에는 지금도 날마다 엄청난 양의 영상이 새롭게 올라온다. 먹방, 브이로그, 게임, 뷰티처럼 인기 있는 카테고리는 이미 포화 상태다. 아무리 공들여 만든 영상이라도 초반에 조회수가 나오지 않으면 알고리즘은 그 영상을 누구에게도 보여주지 않는다. 결국 유튜브는 '열심히 만들면 보상받는 곳'이라기보다, 이미 잘 나가는 채널이 더 잘 노출되는 구조에 가깝다.

수익도 마찬가지다. 많은 사람들이 유튜브는 조회 수만 많으면 돈을 많이 번다고 생각하지만, 실제로는 광고와 협찬이 더 큰 수입원이 되는 경우가 많다. 그런데 최근에는 구독자 수나 조회 수가 많다고 해서 광고가 많이 들어오는 것도 아니다. 대신 그 채널을 통해 실제로 물건이 판매되거나 서비스 이용이 이루어져야 수수료를 받는 방식이 늘고 있다. 즉 단순히 영상을 보는 것만으로는 수익이 크게 늘지 않는 구조가 된 것이다. 그 결과 상위 1% 채널이 전체 광고 수익의 절반 이상을 가져가고, 나머지 대부분의 유튜버들은 영상 하나를 만들기 위해 며칠을 쏟아 부어도 월 수입이 용돈 수준에 그치는 경우가 많다. 구독자 10만 명, 이른바 '실버 버튼'을 받은 유튜버들조차 매주 영상을 올리기 위해 밤을 새우고, 알고리즘이 바뀔 때마다 전략을 다시 짜며, 댓글 하나하나에 신경을 곤두세우다 번아웃을 겪는 일이 적지 않다.

화면 속 유튜버는 자유롭고 즐거워 보인다. 하지만 그 뒤에는 조회 수 그래프를 들여다보며 잠 못 이루는 밤이 있다. 결국 유튜브는 단순히 열정과 창의성만으로 성공할 수 있는 공간이 아니다. 알고리즘 속에서 살아남아야 하는 하나의 경쟁 시장에 가까워지고 있다.

유튜브는 대기업의 놀이터

오늘날 유튜브 시장의 가장 큰 변화는 대기업 자본의 유입이다. 방송사, 연예기획사, 미디어 기업들이 유튜브에 본격적으로 들어오면서 개인 크리에이터가 경쟁에서 우위를 차지하기는 점점 더 어려워지고 있다.

이런 변화를 두고 초기부터 유튜브에서 활동해온 만화가 이말년(침착맨)은 다른 유튜브 채널에 출연해 이렇게 말한 적이 있다.

"원래 유튜브는 골목시장 같은 곳이었어요. 그런데 거대 자본이 들어오면서 점점 힘들어지는 걸 느껴요. 원주민이 살던 동네에 대기업이 들어와 상권이 바뀌는 느낌이랄까요."

실제로 기업형 채널들은 수십 명의 제작 인력과 전문 장비, 마케팅 팀까지 갖추고 영상을 제작한다. 완성도가 높은 콘텐츠가 나오면 알고리즘 역시 이런 채널을 '인기 콘텐츠'로 인식해 더 많은 사람에게 노출시키는 경우가 많다. 그 결과 개인 유튜버가 경쟁하기는 점점 더 어려워진다.

결국 유튜브는 '개인의 놀이터'에서 '자본이 경쟁하는 시장'으로 바뀌고 있다. 대기업은 유튜브를 또 하나의 홍보 채널로 활용하며 브랜드 인지도와 광고 수익을 동시에 얻는다. 반면 개인 창작자들은 취미와 생존 사이에서 버텨야 한다.

이런 흐름 속에서 유튜브는 누구나 자유롭게 목소리를 낼 수 있는 공간이라기보다, 자본과 규모가 점점 더 큰 힘을 가지는 플랫폼으로 변해가고 있다.

현실이 이렇다고 해서 유튜브의 매력이 사라진 것은 아니다. 여전히 많은 사람들에게 유튜브는 자신의 생각과 이야기를 표현할 수 있는 흥미로운 무대다. 다만 그 매력을 '단기간의 성공'

이라는 기준으로만 바라보면 쉽게 지치게 된다. 오히려 유튜브를 오래 이어가기 위해서는 장기적인 자기 성장과 자신의 업(業)을 만들어간다는 관점이 필요하다.

만약 유튜버를 진로나 취미로 생각하고 있다면, 단순히 조회수를 올리는 것보다 자신이 어떤 생각을 가지고 있고 무엇을 말하고 싶은지 고민하는 일이 더 중요하다. 자신의 철학과 관심사를 콘텐츠로 표현하고 그것을 꾸준히 이어가는 것이 핵심이다. 이 시대의 진정한 크리에이터는 유행을 따라가는 사람이 아니라, 자신만의 목소리를 오래 유지하는 사람이다.

또한 당장의 조회 수보다 긴 호흡으로 메시지를 전하고, 자극적인 콘텐츠보다 사람들에게 오래 남는 이야기를 만들 수 있어야 한다. 그렇게 만들어진 콘텐츠는 시간이 지나도 기억된다.

앞에서 살펴본 것처럼 유튜버는 더 이상 '누구나 쉽게 성공할 수 있는 꿈의 직업'이라고 보기는 어렵다. 자본의 경쟁, 알고리즘의 벽, 끝없는 콘텐츠 경쟁 속에서 살아남는 일은 결코 쉽지 않다.

그럼에도 유튜브와 SNS는 여전히 인간의 상상력과 표현의 자유가 살아있는 공간이다. 수많은 콘텐츠가 넘쳐나는 레드오션 속에서도, 자신의 생각과 진정성을 꾸준히 담아내는 사람은 결국 자신만의 자리를 만들어낸다.

결국 중요한 것은 채널의 규모나 조회 수가 아니라, 그 안에서 내가 무엇을 말하고 어떤 이야기를 남기느냐다.

내 삶을 지키는 실천 3

유튜버를 꿈꾼다면
이 세 가지에 솔직하게 답해보기!

1. 나는 '말하고 싶은 것'이 있는가, 아니면 '유명해지고 싶은 것'인가?

  ☞ 유명함은 빠르게 사라질 수 있지만, 말하고 싶은 주제 는 오래 남는다.

2. 나는 매일 무엇을 견딜 수 있는가? (불확실성·악플·성 과 압박)

  ☞ 유튜브에서 가장 힘든 건 '실패'가 아니라 '불확실한 날들이 반복되는 것'이다.

3. 나는 어떤 세계관을 쌓고 싶은가? (조회 수 말고)

  ☞ 어떤 콘텐츠를 올릴 때 '이게 나를 설명하는 흔적이 될까?'를 생각해보자.

3

알고리즘의 장난, 가짜 정보로 형성되는 반쪽짜리 생각

"야, 이거 봤어? ○○ 연예인 큰일 났대!"

순식간에 몇 명이 스마트폰을 꺼내 들었다. 누군가 짧은 영상 하나를 보여주며 말했다.

"진짜래. 여기 영상도 있잖아."

다른 학생은 이미 확신한 듯 고개를 끄덕였다.

"나도 어제 봤어. 완전 난리 났던데?"

순식간에 교실에 있던 아이들이 스마트폰을 꺼내 내용을 찾아보았다. 그러면서 어떤 학생은 분노했고, 어떤 학생은 놀라워했고, 또 어떤 학생은 그 이야기를 다른 반 친구에게 바로 전했다.

잠시 뒤, 한 학생이 말했다.

"지금 인터넷에 돌아다니는 그 이야기, 사실이 아니라는 기사

나왔어."

조금 전까지 모두가 사실이라고 믿고 있던 이야기가, 알고 보니 근거 없는 가짜 정보였던 것이다.

문제는 그 짧은 몇 분 사이에 이미 많은 학생들이 그 이야기를 믿어버렸다는 점이다. 어떤 학생은 다른 친구에게 전했고, 어떤 학생은 댓글까지 달았다. 가짜 정보는 사실이 확인되기도 전에 이미 사람들의 생각 속에 자리를 잡고 있었다.

확증편향을 부르는 알고리즘

플랫폼은 내가 반응했던 영상과 비슷한 콘텐츠를 계속해서 보여주기 때문에 우리는 점점 익숙한 것만 보게 된다. 그 결과 새로운 관점이나 낯선 생각은 자연스럽게 멀어진다.

익숙한 것이 항상 나쁜 건 아니다. 하지만 문제가 생기는 순간이 있다. 익숙함이 '옳다'는 확신으로 굳어질 때다. 예를 들어, 특정 아이돌 팬덤 영상을 자주 보다 보면 어느 순간 유튜브 피드가 온통 그 아이돌 관련 콘텐츠로 가득 찬 걸 발견하게 된다. 처음엔 그냥 좋아서 봤을 뿐인데, 어느 순간 '역시 이 팀이 제일 잘하지.'라는 확신이 생긴다. 반대로 다른 팀을 다룬 영상은 눈에 잘 띄지도 않고, 띄더라도 괜히 불편하게 느껴진다. 이게 바로 알고리즘과 확증편향이 함께 작동하는 방식이다.

익숙한 내용은 처음엔 가볍고 편안하게 다가온다. 복잡하게 생각할 필요도 없고, 이해하려 애쓸 필요도 없다. 이미 알고 있는 듯한 말, 들었던 듯한 주장, 익숙한 감정이 담긴 메시지들은 나를 긴장시키지 않고, 오히려 안심하게 만든다. 이렇게 형성된 확신은 시간이 지날수록 점점 더 강해진다. 다른 이야기가 틀렸다고 생각하지는 않아도 적어도 내가 알고 있는 이 정보는 '확실하다'고 느끼게 된다. 문제는 이 믿음이 내 안에서 어떻게 만들어졌는지조차 잘 모른다는 점이다.

이런 환경은 우리가 흔히 겪는 심리적 현상인 '확증편향'과 밀접하게 연결된다. 확증편향이란 자신이 원래 믿고 있던 것에 들어맞는 정보에는 쉽게 끌리고, 반대되는 정보는 불편하게 여기거나 무시하게 되는 것을 말한다. 알고리즘은 이 현상을 더욱 강화한다. 나와 생각이 비슷한 사람들의 이야기, 내가 이미 동의하는 주장, 혹은 나의 감정을 자극하는 짧은 콘텐츠들에 반복해서 노출되면, 우리는 점점 더 그것을 확신하게 된다.

문제는 이러한 믿음이 반드시 사실에 기반한 것은 아니라는 점이다. 그 믿음을 형성한 정보가 충분한 근거를 갖추고 있는지, 균형 잡힌 시각에서 만들어진 것인지 확인도 하지 않은 채, 우리는 그저 짧고 자극적이고 익숙하다는 이유만으로 그 내용을 진실처럼 받아들인다.

그리고 결국에는…

그 믿음은 조용히 우리의 말과 행동을 바꾸어 놓는다. 우리는 그 내용을 확신에 찬 얼굴로 누군가에게 이야기하고, 아무런 의심 없이 공유한다. 그것이 진실이 아님을 모른 채, 또 다른 누군가의 믿음을 바꾸고 또 다른 확신을 퍼뜨린다. 진실이 아닌 이야기가 내 입을 통해 흘러가고, 내 손끝에서 퍼져 나간다. 우리는 어느새 가짜 정보와 왜곡된 논리를 확대 재생산하는 역할을 하게 된다.

가짜 정보는 어떻게 만들어지는가

가짜 정보는 대체로 '신뢰의 모양'을 흉내 내는 데 아주 능숙하다. 겉모습만 보면 '이건 근거가 있겠지' 싶은 장치들을 갖추고 있기 때문이다. 예를 들어 이런 방식이다.

- 'OO%' 같은 숫자를 맥락 없이 강조한다.
- 30분짜리 인터뷰에서 10초만 잘라내 전혀 다른 의미로 포장한다.
- "전문가 경고", "충격", "폭로" 같은 단어로 정확한 출처가 있는 것처럼 꾸민다.
- 그래프의 축과 범위를 조작해서 변화가 엄청 큰 것처럼 연출한다.
- 몇 개의 사례로 전체를 일반화한다.
- 두 선택지만 남겨 가짜 딜레마를 만든다.
- 주장 대신 인신공격으로 대화를 끝낸다.

이 장치들은 모두 '진실'을 위해서가 아니라, 빠른 확신을 끌어내기 위한 것이다. 결국 가짜 정보는 '정보'가 아니라 감정을 움직이는 기술이 된다.

이때 '동참'은 아주 사소한 순간에 일어난다. 이미 많은 친구가 공유했다는 신호, 댓글과 좋아요 수, 타임라인을 덮은 동일한 이야기. 대중의 반응이 사실의 증거가 아닌데도 우리는 안심하고 버튼을 누른다. 그렇게 공유된 정보는 빠르게 퍼져나가고, 한 번의 리그램과 링크 전송이 누군가의 판단과 행동에 영향을 미친다. 결국 '나 하나쯤이야'가 모여 사회적 현실을 만든다.

예를 하나 살펴보자. "고등학생의 70%가 X를 지지한다"는 그래프가 있다고 하자. 실제로는 특정 지역 동아리 회원 30명을 대상으로 2년 전 비공식 설문을 돌린 결과일 수 있다. 출처 링크는 없고, 제목은 '10대 압도적 지지!'처럼 단정적으로 붙는다. 게다가 퍼센트라는 수치와 그래프 같은 시각화는 자동으로 '과학적'이라는 인상을 준다. 하지만 출처와 맥락이 불분명한 숫자는 사실을 나타내기보다 감정을 흔드는 바람잡이에 가깝다.

이때 필요한 것이 바로 '멈춰보기'다. 공유를 하기 전에 10초만 들여다봐도 결과는 달라진다. 잠깐 멈춰서 누가 말했는지, 언제 말했는지, 어디서 가져온 내용인지, 반대 관점은 있는지, 썸네일과 캡션이 아닌 원문과 전체 맥락을 먼저 볼 수 있는지, 이 다섯 가지를 살펴보자. 모두 점검하지 못하더라도, 둘이나 셋만 확인해도 거짓의 상당수는 걸러진다.

논리의 함정을 밝히는 데에도 이와 같은 태도가 유효하다. 예외와 반대의 경우를 떠올려보는 것이다. 특히 '항상, 전부, 절대'라는 단어를 의심하고, 두 가지뿐이라는 결론 앞에서 제3의 가능성은 없는지 의문을 갖고, '누가 말했는가'보다 '무엇을 근거로 말하는가'에 주의를 기울여봐야 한다. 이 느린 점검이 제대로 보고 판단할 수 있는 생각의 속도를 되찾아준다.

'아는 척'보다 확인하는 습관을

연예 뉴스는 특히 속도의 유혹이 가장 노골적으로 드러나는 영역이다. 매일같이 맞닥뜨리는 "단독", "충격", "○○ 측 관계자에 따르면" 같은 문구는 클릭을 부른다. 하지만 정작 기사 본문을 보면 "소속사 확인 중", "동일인 여부 미확인" 같은 허무한 결론이 가득하다. 한 번쯤은 기사를 끝까지 읽고 나서 "그래서 사실이야, 아니야?"라며 허탈했던 적이 있을 것이다. 이 과정에서 우리는 사실 확인에 시간을 들이기보다 호기심과 속도에 반응하곤 한다. 그 사이 나도 모르게 루머 유통의 공범이 되기 쉽다.

실제로 이런 일이 벌어지기도 한다. 근거 없는 열애설이 SNS를 타고 순식간에 퍼지고, 수만 명이 공유한 뒤에야 '사실 무근'이라는 정정 기사가 조용히 올라온다. 하지만 정정 기사의 조회 수는 원래 루머의 100분의 1도 되지 않는다. 이미 퍼진 이야기는 바로잡기에는 너무 멀리 가버렸다.

문제는 이러한 기사가 단순한 '오보'에 그치지 않는다는 점이다. 열애설은 사생활을 침해하며, 확인되지 않은 루머는 명예를 훼손한다. 선정적 썸네일과 댓글은 특정 집단, 특히 미성년 연예인이나 여성 연예인을 향한 혐오를 정상화한다. 가십이 '재밌는 소문'을 넘어 약자를 향한 비난의 화살이 되는 순간, 우리는 그 경계를 분명히 인식해야 한다. 우리는 누구도 그런 사람이 되고 싶지 않으니까.

가짜 정보는 한 사람의 명예를 쉽게 훼손하고, 특정 집단에 대한 편견과 혐오를 키우며, 우리가 함께 해결해야 할 사회 문제를 제대로 보지 못하게 만든다. 결국 상처는 가장 약한 곳으로, 가장 방어력이 낮은 이들에게 먼저 닿는다.

여기서 잠깐 생각해보자. 최근 한 달 동안 사실인지 확인하지 않은 정보를 몇 번이나 공유했을까? 누군가의 이야기를 듣고 "진짜래?"라고 묻기보다 '나도 그거 봤어.'라고 먼저 말한 적은 없었을까? 우리는 정보와 주장을 어떻게 받아들이고 판단하는지 끊임없이 연습하는 시민이기도 하다.

그래서 속도를 늦추는 훈련이 필요하다. '아는 척'하려는 마음보다 확인하고 성찰하는 습관을 앞세우는 것, 클릭과 공유 버튼 앞에서 단 몇 초라도 멈춰 '누가, 언제, 무엇을 근거로 말하는가'를 묻는 것, 화려한 썸네일과 감정적인 문장보다 원문과 맥락을 먼저 찾는 것. 이 모든 것의 시작은 단 하나의 질문이다. "이게 정말 사실일까?"

누군가가 자극적인 뉴스를 보내왔을 때 바로 공유할까, 아니면 잠깐 멈춰 사실을 확인해볼까, 우리는 매일 그 선택의 순간을 마주한다. 쉽게 믿고 빨리 퍼뜨릴 것인가, 아니면 잠시 멈춰 책임 있게 다룰 것인가. 그 느린 선택들이 쌓일 때 우리는 가짜 정보와 가짜 논리에 동참하지 않기 위한 첫걸음을 내딛게 된다. 그리고 그 한 걸음이, 가장 약한 곳으로 향하던 피해의 방향을 바꾸는 시작이 된다.

4

동의하지 않아도 혐오가 스며들다

　나는 누군가를 차별하거나 혐오하는 사람이 되고 싶지 않다. 여러분도 그럴 것이다. 우리는 교실에서 친구가 실수했을 때 자연스럽게 도와주고, 서로의 마음을 살피고, 생각이 달라도 이야기를 이어가려 애쓴다. 일상의 모습만 보면, 우리는 분명 다른 사람을 존중하는 감수성을 지닌 존재다.

　그런데 가끔은 설명하기 어려운 이상한 기분이 스며든다. 특정 집단이나 인물에 대해 누군가 만들어 올린 짧은 영상, 자극적인 캡션, 냉소적인 밈을 반복적으로 보다 보면, 마음으로는 분명 동의하지 않았는데도 머릿속 어딘가에 미세한 거부감이 자리 잡는 순간이 있다.

누군가 설계한 혐오의 감정 속으로

애덤 샌델은 그의 저서 《편견이란 무엇인가?》에서 "가장 위험한 편견은 대규모의 공개적인 증오가 아니라, 일상적인 언어와 소통 방식에 무심코 스며든 사소한 경멸과 조롱에서 시작된다."고 말한다. 사람들이 그것을 심각한 혐오라고 인식하지 못하기 때문에 더 쉽게 퍼지고, 더 오래 남는다는 것이다.

바로 이 지점을 파고드는 것이 '사이버레커'다. 레커는 원래 사고 현장에 달려와 차량을 끌고 가는 견인차를 뜻한다. 누군가의 불행한 사고 현장에 가장 먼저 나타나 이익을 챙긴다는 이미지에서 온 말이다. 사이버레커는 바로 그 레커처럼, 인터넷 공간에서 논란이 되거나 자극적인 이슈, 특히 유명인의 사건과 사고, 남의 불행, 결점 등을 빠르게 콘텐츠로 만들고 확대 재생산해 조회 수와 수익을 챙기는 사람들을 가리킨다.

사이버레커는 자극적인 제목과 편집, 극단적인 프레임으로 사람의 감정을 빠르게 끌어올린다. 그리고 특정 인물이나 집단에 대한 호감과 불쾌감을 의도적으로 조작한다. 이들은 사실의 정확성보다 속도와 강한 자극을 우선시한다. 그러면서 '이 사람 문제 있다', '이 집단 이상하다'라는 메시지를 짧고 강렬한 콘텐츠로 계속 밀어 넣는다.

처음 이런 자극을 접할 때는 "아니, 저건 너무 지나치잖아." 하며 웃어넘긴다. 하지만 반복해서 접하게 되면 우리의 무의식

속 판단 기준이 조금씩 흔들리기 시작한다. 사이버레커 영상은 마치 뇌에 아주 얇은 막을 여러 겹 덧붙이듯 우리의 감정과 인식을 서서히 잠식한다.

결국 우리는 어느 순간 '괜히 좀 불편하다', '뭔가 문제 있는 것 같아'라는 감정을 갖게 된다. 계속해서 본 이미지가 뇌에 잔향처럼 남는 것이다. 이는 내가 무언가를 혐오하는 사람이어서가 아니다. 누군가 설계한 혐오의 감정 구조 속으로 끌려 들어갔기 때문이다.

사이버레커 현상이 정말 무서운 이유는, 그것이 직접적으로 "이 사람을 미워하라."라고 말하지 않는다는 데 있다. 대신 자극적인 편집을 통해 우리가 스스로 그런 감정을 갖는 것처럼 느끼게 만든다. 그렇게 서서히 스며든 감정은 더 자연스럽고, 더 오래가고, 더 쉽게 확산된다.

"그냥 웃자고 한 말"에 웃을 수 없는 이유

"그냥 웃자고 한 말이야."

누군가를 놀리거나 불편한 말을 했을 때 우리는 종종 이렇게 말한다. 마치 별 의미 없는 농담이었다는 듯이 말이다. 하지만 이 표현은 생각보다 많은 것을 담고 있다.

우리는 흔히 혐오나 조롱이 강한 신념이나 분명한 의지에서 시작된다고 생각한다. 그러나 실제로는 반복해서 접한 말과 익숙한 분위기가 훨씬 더 큰 영향을 미치기도 한다. 화면을 넘길 때마다 비슷한 편견이 담긴 영상이 보이고, 비슷한 방식으로 편집된 콘텐츠가 같은 결론을 암시하다 보면 어느새 마음의 방향이 정해져 있기 쉽다. 스스로 판단한 것이 아니더라도 말이다.

특히 누군가를 조롱하는 말이 웃음이라는 형식으로 포장될수록 문제는 더 잘 드러나지 않는다. 얼핏 웃기려고 하는 말처럼 보이지만, 그 속에는 사람을 가볍게 보는 시선이 숨어 있고 그러면서 말도 점점 가벼워진다. 이런 감정은 명확한 증오처럼 드러나지 않지만, 오히려 그보다 훨씬 은밀하고 자연스럽게 퍼진다. 반복해서 접하다 보면 어느 순간 그것이 특별한 말이 아니라, 그저 익숙한 표현처럼 느껴지기 때문이다.

그렇게 익숙해진 감정은 쉽게 '당연한 것'처럼 작동한다. 그래서 우리는 실제로 누군가에게 상처가 되는 말을 하면서도 "그냥 웃자고 한 말이야."라고 생각하게 된다. 상대방이 그 말을 듣고 얼마나 불편하고 아플 수 있는지, 그 감각이 점점 무뎌진 결과다.

"그냥 웃자고 한 말이야."라는 표현은 자신의 말이 깊은 신념에서 나온 것이 아니라는 변명처럼 들린다. 사실 많은 경우 어디선가 스쳐 지나가듯 접한 표현, 여러 콘텐츠에서 반복적으로 들은 말, 주변에서 쉽게 오가는 말을 무심코 따라 한 것일 때가 많다. 다시 말해 그 말은 스스로 충분히 생각하고 한 말이 아니라, 일상에서 익숙해진 말투와 분위기를 그대로 받아들여 다시 내뱉은 말일 수 있다는 뜻이다.

　그래서 때로는 이러한 질문을 해봐야 한다.

　내가 방금 한 말은 정말 내 생각에서 나온 것일까, 아니면 어디선가 들어서 익숙해진 말을 그냥 따라 한 것일까?

　이 질문 하나만으로도 우리는 언어를 조금 더 조심스럽게, 그리고 책임 있게 사용할 수 있다. 어쩌면 '그냥 웃자고 한 말'이라고 내뱉는 순간, 우리는 가장 편하게 책임을 내려놓는 것일지도 모른다.

혐오는 어떻게 시작될까

　어떤 대상에 대한 혐오가 너무 빠르게 퍼지는 느낌을 받은 적이 있는가? 특정 지역, 국적, 성별 정체성, 외모, 직업군, 심지어 특정 학교 학생들에 대한 혐오까지! 짧은 영상 몇 개와 밈 몇 개만으로도 특정한 이미지가 손쉽게 만들어진다.

　누군가의 단편적인 실수를 마치 그 집단 전체의 본질인 것처럼 일반화한 장면을 반복해서 보다 보면, 그 집단을 떠올릴 때마다 자동으로 같은 이미지가 떠오르게 된다. 그 이미지가 불편하거나, 부정확하거나, 편견에 기반한 것임을 충분히 알고 있는데도(그 정도는 알 수 있는 인지력을 가졌음에도), 뇌는 이미 익숙해진 인식의 경로를 먼저 선택한다. 이것이 바로 '동의하지 않았지만 입력된 상태', 즉 의식적으로는 수용하지 않았지만 무의식적으로는 영향을 받은 상태라고 할 수 있다.

그 대상이 만약 나라면 어떨지 상상해보자. 내가 알지도 못하는 사이 온라인 어딘가에서 내가 다니는 학교가 조롱의 대상이 되고, 내가 속한 동아리가 웃음거리로 소비되고, 내 외모나 말투, 심지어 내 가족이 누군가의 농담거리로 돌아다닌다고 생각해보자. 나를 한 번도 본 적이 없는 낯선 사람들이 그저 '그런 부류', '그런 타입', '그런 집단'으로 묶어버리는 장면을 떠올려보자.

그들은 나를 대놓고 미워하지도 않는다. 오히려 "밈이니까 괜찮아.", "다들 이렇게 웃더라."라며 아무렇지 않게 넘겨버린다.

그 무심함 속에서 내 이름은 점점 사라지고, 내가 살아온 이야기는 아무도 모르게 지워지고, 나는 결국 한 줄짜리 특징, 혹은 한 장짜리 이미지로 축소되어 버린다.

혐오는 이렇게 탄생한다. 누군가의 악의에서만이 아니라 많은 사람의 무감각에서.

내 눈을 가리는 언어

무감각은 언어에서 시작된다.

"원래 그래."

"다 그렇지 뭐."

"요즘 애들은…"

"그 나라 사람들은…"

이런 표현은 얼핏 보면 사실을 설명하는 말처럼 들린다. 하지만 실제로는 한 사람 한 사람을 바라보지 못하게 만드는 말이기도 하다. 어느 순간 '왜 싫은지'에 대한 이유는 사라지고 그냥 '싫다'는 감정만 먼저 튀어나온다면, 이미 누군가를 쉽게 판단하는 말과 표현에 익숙해져 있는 건지도 모른다.

이런 장면을 떠올려보자. 단체 톡방에서 친구들이 어떤 유행어를 주고받는다. 다들 웃고 있고, 분위기도 가볍다. 나도 무심코 대화에 끼려다가 손가락이 잠깐 멈춘다. '잠깐, 이거 누군가를 비하하는 말 아닌가?' 그런데 이미 대화는 다음 화제로 넘어가 있고, 나만 혼자 멈칫한 것 같아서 그냥 이모티콘 하나 보내고 넘어간다. 그 순간, 뭔가 찜찜하지만 딱히 뭐라고 말하기도 어렵다.

바로 그 멈칫이 사실은 가장 중요한 순간이다. 그게 바로 내 감수성이 아직 살아있다는 신호다.

알고리즘은 이런 익숙해짐의 과정을 더 빠르게 만든다. 비슷한 말, 비슷한 이야기, 비슷한 감정을 담은 콘텐츠가 계속 반복되면 우리는 점점 그 표현에 익숙해진다. 그렇게 혐오는 눈에 띄지 않게, 그러나 놀라울 만큼 빠르게 퍼져 나간다.

문득 내가 쓰는 언어가 예전보다 거칠어졌다고 느껴지거나, 특정 집단에 관한 이야기를 듣기도 전에 나도 모르게 부정적인 반응이 먼저 나온다면, 바로 그때가 스스로를 돌아보기 가장 좋은 순간이다. 지금 떠오른 감정이 내 경험과 생각에서 나온 것인지, 아니면 반복해서 접한 말과 이미지로 인한 자동 반응인지 잠깐 멈춰 묻는 것이다.

어느 쪽이든 걱정할 필요는 없다. 습관은 배어든 만큼 다시 빼낼 수도 있다. 완벽하게 옳은 사람이 될 필요는 없다. 내가 어떤 말과 감정을 따라가고 있는지 알아차리는 것으로 충분하다. 그 순간부터 우리는 다시 선택할 수 있으니까.

5

디지털 시대의 블랙홀, 무기력

오늘날 사람들은 예전보다 몸을 덜 쓰고, 기술 발전 덕분에 생활이 훨씬 편리해졌다. 그런데도 정작 무기력(기운이나 의욕이 없는 상태)은 더 자주, 더 심하게 나타난다는 연구와 논의가 꾸준히 제기되고 있다.

이 무기력은 단순히 개인의 의지가 약해서 생기는 문제가 아니다. 현대의 디지털 환경이 우리 뇌가 가진 한정된 예산을 끊임없이 소모시키는 데에서 비롯된다. 이렇게 축적된 무기력은 개인의 마음속에만 머물지 않는다. 주변 사람들에게도 서서히 파고들어 피로와 긴장을 확산시킨다. 그렇기에 최근 들어 더욱 심각한 문제로 떠오르고 있다.

디지털 시대의 무기력

디지털 시대의 무기력은 우리가 과거에 알던 전통적인 무기력과는 성격이 매우 다르다. 단순히 몸이 지쳐서 생기는 피로나 잠깐의 무력감이 아니다. 늘 디지털 기기가 켜져 있는 환경과 폭발적으로 넘쳐나는 정보 속에서 서서히 쌓이는 독특한 형태의 정신적, 감정적 고갈 상태라고 볼 수 있다.

과거의 무기력은 대개 이유가 보였다. 힘든 일을 너무 오래 했거나, 슬픈 일이 있었거나, 몸이 아프거나…. 원인이 있으니 쉬면 나아졌다. 그런데 지금 시대의 무기력은 다르다. 딱히 힘든 일을 한 것도 아닌데 지치고, 쉬었는데도 회복이 안 된다. '아무것도 안 했는데 왜 이렇게 피곤하지?'라는 느낌. 그게 바로 이 시대 특유의 무기력이다. 단순히 피곤하다는 차원이 아니다. 무엇을 해야 할지 알면서도 몸과 마음이 함께 움직이지 않는 상태, 결국 내가 하는 일의 의미조차 느끼지 못하게 되는 상태다.

사람의 뇌는 매일 아침 '주의'와 '결정 에너지'라는 한정된 예산을 손에 쥐고 하루를 시작한다. 아침에는 머리가 맑고 생각이 빠르게 돌아가다 저녁이 되면 사고가 둔해지고 집중하기 어려워지는 경험을 자주 하지 않는가? 이러한 경험을 통해 우리는 이 예산이 실제로 존재한다는 사실을 날마다 체감한다.

최근의 신경인지과학 연구를 보면, 사람들이 느끼는 무기력은 단순한 기분 문제가 아니라 뇌의 에너지가 실제로 고갈된 결과라는 사실이 점점 더 명확해지고 있다. 그런데 이렇게 중요한 뇌의 예산을 실제로는 어디에 쓰고 있을까? 정작 공부나 일, 의미 있는 관계, 충분한 휴식처럼 꼭 필요한 곳에 쓰이기도 전에 스마트폰 화면을 스쳐 지나간 수많은 정보가 이미 그 예산을 써버리고 있는 건 아닐까?

디지털 환경이 무기력을 일으키는 네 가지 방식

왜 이런 무기력이 생기는 걸까? 크게 네 가지로 정리해볼 수 있다.

첫째, 디지털 환경이 끊임없이 정보를 쏟아 붓는 탓에 우리 뇌가 이 정보를 '걸러내기'에 대부분의 에너지를 쓰도록 만든다. 하루를 지내다 보면 소셜 미디어, 뉴스 피드, 메시지, 각종 알림이 쉴 새 없이 밀려온다. 알림이 울릴 때마다 우리는 정보를 받아들이는 게 아니라 갖가지 판단을 하느라 주의력을 소모한다. 그때마다 뇌의 에너지는 조금씩 줄어든다. 이러한 순간이 쌓이다 보면 결국 아무것도 하기 싫은 상태가 된다.

둘째, 디지털 플랫폼은 쉬지 않고 선택을 요구한다. 어떤 영상을 볼지, 이 알림을 확인할지 말지, 어떤 사진을 올릴지… 이런 사소한 선택과 실행이 하루에도 수백 번 반복된다. 별것 아닌 것 같지만 이 선택의 순간이 쌓이면 정작 중요한 일을 결정하고 실행할 에너지가 남아 있지 않게 된다. 그러다 보면 해야 할 일을 앞에 두고도 손이 움직이지 않는 상태, 작은 일조차 시작하기 귀찮은 상태에 빠진다.

셋째, 짧고 자극적인 콘텐츠에 반복적으로 노출되면 뇌의 보상 시스템이 점점 둔해진다. 좋아요, 댓글, 다음 영상으로 이어지는 빠른 자극에 익숙해질수록 뇌는 느리고 긴 활동을 버티기 어려워한다. 독서, 운동, 깊은 대화처럼 시간이 걸리는 일들이 점점 지루하고 무의미하게 느껴지는 것도 이 때문이다. 실제로 숏폼을 반복적으로 보면 뇌의 주의 기능과 자기조절 능력이 약해진다는 연구 결과도 여럿 나와 있다.

넷째, 연결되어 있는데 오히려 외로운 느낌, 경험해본 적 있는가? 팔로워가 수백 명이어도 막상 힘들 때 연락할 사람이 없는 것 같은 고립감. 디지털 소통은 겉으로는 연결된 것처럼 보이지만 실제 정서적 지지나 소속감을 주기에는 한계가 있다. 게다가 다른 사람의 완벽하게 편집된 일상을 매일 보다 보면 나도 모르게 자신을 끊임없이 평가하고 검열하게 된다. 이 두 가지가 합쳐지면 깊고 만성적인 무기력으로 이어진다.

결국 우리 몸은 겉으로 보기에는 아무것도 안 하고 쉬고 있는 것 같지만, 뇌는 여전히 분주하게 일한다. 화면을 한 번 넘길 때마다 뇌는 새로운 자극을 감지하고, 그때마다 미세한 판단과 감정 반응을 수행하느라 에너지를 소모한다. 아무것도 안 했는데 까닭 모르게 지치는 느낌, 이제 그 이유가 보이지 않는가?

무기력은 내 의지의 문제가 아니다

문제는 이 무기력이 결코 개개인의 문제로만 머물지 않는다는 사실이다. 무기력해진 사람은 마음의 회복력이 약해져 사소한 말에도 쉽게 상처받는다. 예전에는 아무렇지 않게 넘겼을 상황도 불안해하거나 예민하게 반응한다. 그 상태가 지속되면 하루를 계획하고 움직이는 일 자체가 버거워진다. 무엇을 먼저 해야 할지, 오늘을 어떻게 보내야 할지 스스로 결정하는 힘이 조금씩 약해지기 때문이다.

이런 상태는 결국 주변 사람들까지 함께 지치게 한다. 누군가 무기력한 상태에 반복해서 빠질 경우 가족은 조심스러워지고 긴장하며, 친구나 동료는 상대의 감정적 피로를 같이 떠안게 된다. 그와 함께하는 사람들 모두가 서서히 무기력의 파동에 휩쓸리면서 활력을 잃어간다. 결국 한 개인의 무기력은 당사자의 문제를 넘어 주변의 에너지까지 순식간에 고갈시키는 감정적 파급력을 가진다.

그렇지만 무기력은 누구보다 자기 자신을 더더욱 힘든 수렁으로 끌고 간다. 주의력이 바닥나면 집중이 어려워지고 결정 에너지가 고갈되면서 아주 사소한 선택조차 버거워진다. 정서가 소모되면 마음은 쉽게 꺾인다. 그리고 바로 그 지점에 이르면 사람들은 "나는 왜 이렇게 의지가 없지?"라는 자기비난에 빠지곤 한다. 그리고 이 자기비난이 다시 무기력을 강화시키는 악순환의 고리가 만들어진다. 스스로를 문제의 원인이라고 단정하는 순간, 남은 에너지마저 사라지고 무기력은 더 짙고 더 오래 지속되는 감정으로 굳어져버린다.

그래서 혹여라도 나에게 이러한 무기력이 나타난다면 기억해야 할 것은 내 의지가 약해서 생긴 문제가 아니라는 사실이다. 그것은 소진된 뇌가 우리에게 보내는 자연스럽고도 정직한 신호이며, 도움을 요청하는 하나의 방식이다. 무기력해질 때 필요한 것은 더 많은 의지를 짜내기 위한 결심이 아니다. 다시 나의 속도로 살아갈 수 있게 주의와 에너지를 회복하는 작은 루틴을 만드는 것이다.

먼저, 가장 빠르게 할 수 있는 일이 있다. 그렇다. 바로 그거! 스마트폰을 잠시 내려놓는 것. 그다음 호흡을 고르고, 의미 있는 관계와 활동으로 다시 뇌의 예산을 돌려보자. 그러면 지금 우리를 짓누르는 무기력은 천천히일지언정 분명 회복의 방향으로 움직이기 시작할 것이다. 그때 우리는 비로소 하루의 소중한 예산을 '나'와 '다른 사람'에게 온전히 사용할 수 있게 된다. 그리고 우리의 일상은 다시 힘을 얻어 제 속도를 찾아간다.

3장

유튜브와 SNS를
멈추면
무슨 일이
일어날까?

1

"인스타를 안 한다고? 대단하다"

한 고등학교 신입생 오리엔테이션에서 유난히 인상 깊었던 장면이 있다. 이 학교는 매년 2월, 1학년 입학생들을 대상으로 하루 동안 특별한 프로그램을 진행한다. 고등학교에 들어와서 어떤 생활을 하게 될지, 앞으로의 진로를 어떻게 고민해 나갈지 함께 이야기하고, 무엇보다 서로 낯선 친구들이 조금이라도 빨리 가까워질 수 있도록 돕는 다양한 활동으로 채워진다.

교육하는 입장에서는 해마다 같은 프로그램을 진행해왔으니 서로 금방 친해진다는 걸 알고 있었다. 하지만 신입생들에게는 첫 만남의 낯섦이 크게 다가오는 듯했다. 처음 교실 문을 열고 들어왔을 때의 공기, 처음 마주 앉은 친구를 살피는 조심스러운 시선, 어떤 말을 꺼내야 할지 몰라 어색하게 손끝만 만지던 순간, 그 묘한 긴장감과 어색함은 누구나 한 번쯤 경험해봤을 것이다.

'친해지자'는 신호, 인스타그램

첫 활동이 시작되면 학생들은 모둠별로 다양한 미션을 수행한다. 잘 알겠지만 처음부터 활기찬 분위기일 리 없다. 대체로 고개를 살짝 숙이고 있거나 옆 사람 눈치를 보며 조심스레 움직이고, 대화는 지극히 짧고 뻣뻣하다. 분명 서로 말을 주고받고 있는데도 미세한 정적이 교실을 채운다.

이런 분위기가 단번에 바뀌는 순간도 늘 비슷하다. 꼭 한두 명쯤은 먼저 크게 웃거나, 엉뚱한 농담을 던지거나, "야, 이거 우리 빨리 해보자!" 하고 나선다. 그러면 그 아이가 불씨가 되어 모둠 분위기가 확 살아난다. 말이 없던 아이들도 서서히 몸을 기울이고, 고개를 들고, 고개를 끄덕이며 미소를 짓는 횟수가 늘어난다.

2교시쯤 되면 교실 분위기는 눈에 띄게 달라진다. 모둠별 퀴즈를 맞히거나 함께 작은 미션을 수행하면서 웃고 박수를 치며 살짝 하이파이브를 하기도 한다. 어느새 쉬는 시간의 공기가 한결 부드러워진다. 뻣뻣했던 대화도 자연스러워지고 정적이 흐르던 복도와 교실이 웅성거림으로 채워진다.

서로 이름을 묻기도 하고, 다른 모둠에 가서 "너희는 어떻게 한 거야?" 하고 끼어들기도 한다. 그러다가 급기야 "집이 어디야?" "중학교는 어디 나왔어?" 같은 '스몰 토크' 향연이 일어난다. 그렇게 서서히, 그러나 분명하게 서로의 거리를 좁혀가는 장면은 늘 인상적이다.

유난히 인상 깊었던 장면을 보게 된 건 3교시 후 쉬는 시간이었다. 학생 두 명이 칠판 앞으로 나가더니 갑자기 인스타그램 아이디를 크게 적기 시작했다.

"야, 여기다 다 적자! 우리 다 친구 신청하자!"

앞으로 나간 학생이 반 전체를 향해 외쳤고, 순간 모두의 시선이 칠판으로 향했다.

두 학생은 아주 자연스럽게 분위기를 주도했다. 망설이는 친구 옆에 가서 "네 아이디 불러주면 내가 적어줄게." 하면서 대신 적어주기도 하고, 또 다른 학생에게는 마커펜을 건네며 "아이디에 언더 바가 들어가는 거야? 네가 직접 써봐!"라고 하기도 했다. 심지어 부끄러워하던 친구에게는 "그럼 포스트잇에 써줘, 내가 붙일게." 하면서 포스트잇을 받아서 칠판에 붙여주기도 했다.

그러자 교실 공기가 눈에 띄게 바뀌었다. 조금 전까지 조심스럽게 떠다니던 정적이 사라지고, 여기저기서 웃음이 터지고 의자 움직이는 소리가 늘어났다. 칠판 앞에는 마커펜을 잡으려는 손들이 겹치고 검정, 파랑, 빨강 글자들이 빠르게 채워졌다. 교실 전체가 한층 가벼워지는 듯했다. 마치 '이제 우리 낯선 사이 아니다'라는 신호가 칠판 위에 쌓여가는 느낌이었다. 나는 미소를 지으며 상황을 지켜봤다.

순식간에 칠판이 알록달록한 아이디로 빼곡해졌다. 아이들은 누가 먼저랄 것도 없이 거의 동시에 스마트폰을 꺼내 들고 칠판을 올려다보며 이름을 검색하고 팔로우 버튼을 누르느라 손끝이 분주했다. 화면 속에서 친구 요청이 오가고, "나 너 찾았어!", "이거 너 맞지?" 하는 목소리가 교실 곳곳에서 터져 나왔다.

"오, 너 사진 진짜 많이 올린다!"

"야, 너 여기 가봤구나? 나도 가봤는데! 언제 간 거야?"

"이거 네가 찍은 거야? 너 사진 잘 찍는다!"

대화는 끊임없이 이어졌다. 짧은 시간 안에 학생들은 서로의 관심사와 좋아하는 음악, 다녀온 여행지, 취미, 심지어는 성격의 한 부분까지 자연스럽게 나누었다. 교실은 금세 웃음소리와 함께 스마트폰 화면을 보여주며 나누는 이야기로 가득 찼다.

나는 그 장면을 보며 세대의 변화를 실감했다. 내게는 여전히 휴대폰 번호를 묻고 저장하는 것이 '친해지자'는 신호인데, 지금의 청소년들에게는 인스타그램 아이디가 그 역할을 대신하고 있었다. 번호 대신 아이디를 묻고, 그 자리에서 바로 서로의 계정을 찾아 들어가며 상대의 세계를 엿보고 연결되는 것이다. 그 모습이 내게는 신기하면서도 동시에 그럴 법하다고 생각되었다.

"나도 사실 가끔 끊고 싶어"

그러다 한 장면이 눈에 들어왔다. 삼삼오오 모여 이야기를 나누는 한 쪽에서 갑자기 웃음과 탄성이 터져 나왔다.

"아, 정말? 너 대단하다. 그런데 왜 안 하는 거야?"

두 아이가 동시에 감탄과 호기심이 섞인 목소리로 한 친구에게 물었다. 귀를 기울여보니, 그 아이는 인스타그램을 하지 않는다고 했다.

순간 주변의 공기가 잠시 멈추는 듯했다. '안 한다'는 대답이 모두에게 의외였던 것 같다. 그런데 그 의외가 곧 존중과 놀라움으로 바뀌는 게 느껴졌다. 인스타그램을 하지 않는다는 것이 마치 '나만의 선택'을 한 것처럼 특별하게 받아들여지는 분위기였다.

누군가는 "나도 사실 가끔 끊고 싶어." 하고 속마음을 털어놓았고, 또 다른 아이는 "그래도 대단하다. 난 아예 안 하는 건 안 될 것 같은데…"라고 솔직하게 말했다. 그 짧은 대화에는 각자의 다름을 인정하고 서로의 선택을 존중하는 따뜻한 공감이 묻어 있었다.

청소년에게 SNS는 단순한 취미가 아니다. 친구와 소통하는 커뮤니케이션 수단이자, 좋아하는 연예인이나 취향을 나누는 공간이고, 요즘에는 정보를 검색하는 창구로도 활용된다. 이제 SNS는 일상 깊숙이 들어와 있어 인스타그램을 하는 것은 너무도 자연스러운 일이다. 그래서 오히려 하지 않는 사람이 더 눈에 띌 정도다.

흥미로운 것은, 그 '눈에 띔'이 반드시 부정적인 의미로만 받아들여지지는 않는다는 점이다. 때로는 '남들과 다르다', '자기 통제력이 있다'라는 신호로 해석되기도 한다. 그 순간 친구들이 보인 감탄은 단순한 놀라움이 아니었다. '내겐 쉽지 않은 일을 너는 해낸다'는 존중과 인정에 가까운 반응이었다.

여기서 우리가 주목할 점은, 인스타그램을 하지 않는다는 사실이 단순히 '안 하는 것', 즉 그 흐름에서 빠져나와 있을 뿐이라는 식으로만 읽히지 않는다는 것이다. 특히 청소년 집단 내에서 오히려 그것은 새로운 문화적 의미를 갖는다. 대부분이 참여하는 장(場)에서 빠져 있다는 것은 어쩌면 소외로 이어질 수도 있다. 하지만 동시에 그 소수성 자체가 '특별한 태도'로 해석되기도 한다.

사회학에서는 이런 현상을 저항문화(counter-culture)라고 부른다. 다수가 자연스럽게 따르는 규범을 그대로 따르지 않거나 의도적으로 거리를 둠으로써 오히려 자신의 정체성을 분명히 드러내는 것을 말한다. 더 쉽게 말하자면, 모두가 같은 방향으로 걸을 때 잠시 멈춰 서서 "나는 이 길이 맞는지 생각해볼래."라고 말하는 태도에 가깝다. 조금은 어렵게 들릴 수도 있지만 핵심은 단순하다. 모두가 하는 걸 하지 않는 선택이 때로는 그 자체로 하나의 메시지가 된다는 점이다.

SNS 없는 삶은 또 다른 방식의 정체성 표현

실제로 일부 청소년은 인스타그램을 하지 않음으로써 '타인의 시선에 휘둘리지 않는다'는 자율성을 표현하기도 한다. 또 어떤 청소년들은 단순히 피로와 부담을 피하기 위해 '하지 않는' 선택을 한다. 그 선택 자체가 또래들에게는 '쿨하다'는 평가로 이어지기도 한다. 'SNS 없는 삶'은 또 다른 방식의 정체성 자원이 되는 셈이다.

물론 감수해야 할 점도 있다. 대화가 인스타그램을 중심으로 돌아갈 때 그 흐름에 끼지 못하고 외로움을 느낄 수도 있다. 그럼에도 인스타그램을 하지 않는 학생은 또래 안에서 '자기만의 방식으로 관계를 맺고 자신을 지키는 사람'으로 비치기도 한다. 다수의 흐름에 맞추지 않고도 자기만의 선택을 유지한다는 점에서, 또래들에게서 '존경스럽다'는 평가를 받는 경우도 적지 않다.

이제 청소년들은 인스타그램을 통해 서로를 연결하고, 동시에 인스타그램을 하지 않는 선택을 통해서도 자신을 표현한다. 언뜻 보면 두 방식은 서로 반대되는 듯하지만, 결국 둘 다 관계를 맺고 자신을 표현하는 방법이다. 어떤 아이는 매일 사진을 올리며 자신을 보여주고, 또 다른 아이는 아예 계정조차 만들지 않으면서 그 자체로 또래들 사이에서 하나의 태도를 드러낸다. '참여'와 '비참여' 모두가 정체성을 드러내는 방식인 것이다.

2

왜 우리는 SNS에 마음을 쏟을까?

유명인들이 자신의 SNS 게시글로 인해 논란이나 실수를 겪는 일은 이제 낯설지 않다. 비공개로 올릴 사진을 실수로 전체 공개로 게시했다가 빛의 속도로 삭제했지만, 이미 본 사람들이 있어 논란이 일파만파 커지는 바람에 해명을 하거나 이미지에 타격을 입는 경우를 본 적이 있을 것이다. 또 인증샷을 올리는 과정에서 다른 사람에 대한 세심한 배려가 부족하다는 지적을 받는 일도 있다. 자신의 생각이나 불편함을 표현한 글이 오히려 대중의 비난을 받는 사례 또한 심심찮게 볼 수 있다.

우리는 자신에 대해 SNS에서 더 많이 이야기한다

감정적인 글, 충동적으로 남긴 댓글, 혹은 무심코 한 발언이 순식간에 기사로 확산되기도 한다. 끝내 계정을 닫는 극단적인 상황으로 이어질 때도 있다. 이런 일은 단지 유명인에게만 일어나는 것이 아니다. 평범한 개인 역시 SNS라는 공개된 무대에서 언제든 '여론의 대상'이 될 수 있다.

'좋아요'와 댓글, 공유로 엮인 관계망에서 한 사람의 말은 순식간에 퍼져 맥락이 생략된 채 소비된다. 또한 일상에서 무심코 한 말이 다른 누군가에게는 불쾌함이나 공격으로 받아들여질 수도 있다. 오늘날 우리는 모두 '발언의 위험'을 감수하며 살아가고 있다.

때로는 나중에 후회할 만큼 자신의 사적인 이야기를 SNS에 남기기도 한다. 그렇다면 왜 우리는 이토록 많은 사람들 앞에서 오히려 더 솔직해지고 싶은 충동을 느끼는 걸까? SNS 친구 모두가 나와 아주 친밀한 관계는 아닌데 말이다. 《인스타 브레인》(동양북스, 2020)이라는 책에서 그 답에 대한 단서를 찾을 수 있다.

"우리는 SNS에서 더 닳이 의사소통을 할 뿐만 아니라 자기 자신에 대해 더 많이 이야기한다. 말하는 상대방이 눈에 보이지 않기 때문이다."

"여러 연구에 따르면 우리는 다른 사람과 직접 대면했을 때는 너무 개인적이라고 여기는 내용을 온라인에서는 아무렇지 않게 세세하게 공유하는 것으로 드러났다."[2]

이 구절들은 인간의 의사소통 방식이 '보이는 관계'냐 '보이지 않는 관계'냐에 따라 얼마나 달라지는지를 잘 보여준다. 우리는 얼굴을 맞댄 상황에서는 상대의 표정, 눈빛, 몸짓, 목소리의 떨림 등을 감지하면서 끊임없이 '사회적 신호'를 읽어낸다. 동시에 자연스럽게 자기 검열을 하면서 이런 생각을 한다.

'지금 이 이야기는 너무 개인적인가?'

'상대가 불편해 보이니 그만해야겠다.'

이렇게 우리는 언어를 걸러내고 감정의 방향을 조절한다.

SNS에서 혼잣말을 하는 것처럼

하지만 SNS는 이런 '피드백 장치'가 제거된 공간이다. 팔로워가 수천 명 있어도 실제 얼굴이 보이지 않는 숫자일 뿐이다. 눈앞에 사람이 없다는 사실은 인간의 자의식을 느슨하게 만든다. 심리학자 존 슐러는 이를 '온라인 탈억제 효과'라고 불렀다.[3] 쉽게 말하면, 온라인에서는 '여기서는 괜찮겠지'라는 느낌이 강해져서 평소보다 감정을 더 쉽게 드러내게 된다는 것이다.

《인스타 브레인》의 저자 안데르스 한센도 이렇게 말한다. "피드백을 받을 기회가 없으면 자기 검열은 사라지게 된다. 그래서 실제로 3명 앞에서는 하지 않을 이야기를 페이스북에서는 아무렇지 않게 3,000명에게 하게 되는 것이다."

실제로 누군가를 눈앞에 두고는 차마 하지 못할 말도 메시지나 댓글에서는 쉽게 나오기도 한다. 얼굴을 마주하지 않으므로 상대가 그 말을 듣고 어떤 표정을 짓는지 보이지 않기 때문이다. 그래서 SNS는 때로 '안전한 고백의 방'처럼 느껴진다. 누가 강요하지도 방해하지도 않는 공간에서 마음속 이야기를 한 번에 쏟아낼 수 있기 때문이다.

하지만 문제는 이 느슨함이 자기 통제를 할 수 없는 상태로 이어진다는 점이다. 많은 사람들은 SNS에 글을 쓸 때 그것이 불특정 다수에게 공개된다는 사실을 알고 있으면서도 무의식적으로 '혼잣말을 하는 것처럼' 느낀다고 한다.

SNS에서는 '게시' 버튼을 누르기 전까지 아무런 반응도 확인할 수 없다. 오직 내 마음의 목소리만 들릴 뿐이다. 바로 그 무(無)의 공간이 인간의 자기 통제를 가장 쉽게 무너뜨려서 걸러지지 않은 감정을 표현하게 만든다.

한때 대중의 사랑을 받던 인플루언서나 예술가, 정치인들이 감정적인 글이나 댓글로 논란을 빚는 이유가 여기에 있다. 분노와 억울함, 외로움, 서운함 등을 '차라리 글로라도 털어놓고 싶다'는 충동이 일고, 그 한순간의 클릭이 곧 사회적 파문으로 번지게 되는 것이다. SNS는 일기장이 아님에도 우리는 그것을 일기장처럼 사용한다. 문제는 그 일기장을 덮어 책상 서랍 속에 넣을 수 없다는 점이다.

말하기는 왜 '쾌감'이 될까

그렇다면 왜 우리는 SNS에 글을 올리고 나서 기분이 좋아지는 걸까? 밤늦게 혼자 있다가 무심코 올린 글 하나에 '좋아요'가 달리기 시작하는 순간, 이상하게 기분이 좋아지는 그 느낌. 왠지 뿌듯하고 더 올리고 싶어지는 그 감각. 그게 바로 뇌가 보상을 받은 신호다.

하버드대학교의 한 연구에 따르면, 자기 자신에 대해 이야기하는 행위 자체가 뇌에 보상 신호를 만들어낸다고 한다. 맛있는 음식을 먹거나 돈을 받을 때와 비슷한 회로가 활성화된다는 것이다. 즉, 올리는 행위 자체가 이미 즐거운 것이다.

도파민은 흔히 '행복 호르몬'으로 알려져 있지만, 더 정확히는 '또 하고 싶게 만드는 보상 신호'에 가깝다. 다시 말해 누군가 내 이야기에 반응해주면, 뇌는 그 경험을 '좋은 경험'으로 인식하고, 다음에도 그 행동을 반복하도록 유도한다. SNS는 바로 이 구조를 매우 강하게 자극한다.

'누군가 내 글을 읽는다 → 좋아요, 댓글이 달린다 → 존재감이 확인된다 → 다시 올리고 싶어진다'와 같은 과정이 반복될수록 우리는 더 자주, 더 깊은 이야기를 하게 된다.

SNS가 단순한 소통의 공간을 넘어 '감정이 즉각적으로 증폭되는 무대'가 되는 것도 이 때문이다. 솔직한 이야기를 올릴수록 공감과 댓글이 달리고, 그 반응이 다시 더 큰 노출과 자극을 부른다. 이 반복은 중독과 비슷하며, 감정의 속도가 생각의 필터보다 앞설 때 SNS는 '감정의 확성기'로 변한다.

실제로 많은 온라인 논란이 '솔직함의 폭주'에서 시작된다.

처음에는 진심이 담긴 문장이었는데, 시간이 지나면서 맥락이 잘려나가고 특정 단어만 떠돌다 누군가에게 공격의 재료가 되기 일쑤다.

그리고 무엇보다 기억해야 할 점이 있다. SNS에 남긴 말은 완전히 사라지기 어렵다는 사실이다. 삭제 버튼을 눌러도 캡처와 재배포를 통해 언제든 다시 돌아올 수 있다. 그래서 SNS에서의 자기표현은 단순한 말하기가 아니라 시간이 지나도 남는 '발화의 기록'이 된다.

SNS의 글과 사진이 신뢰를 결정짓는 시대

SNS에 남긴 글과 사진은 이제 그 사람을 보여주는 또 하나의 얼굴이 되었다. 즉, 스펙이 되기도 한다. 실제로 기업의 채용 과정에서 사생활 침해 논란이 있음에도 평판 조사와 함께 블로그와 SNS를 확인하는 비중이 적지 않다. 이력서에 쓰지 않아도 피드가 이미 말하고 있는 셈이다. 심지어 소개팅 전에 상대방의 피드를 훑어보고 '아, 이런 사람이구나' 하고 판단하거나 거절하는 경우도 있다고 한다. 순간의 감정에 따라 올린 글 하나, 별 생각 없이 눌렀던 공유 버튼 하나가 누군가에게는 그 사람 전체를 판단하는 근거가 되는 것이다. 결국 SNS에서의 표현은 '순간의 감정'이 아니라 책임이 따르는 선택의 행위다.

사적인 이야기를 나누고 싶을 때, 그것이 진정한 소통을 향한 것인지, 단지 외로움을 드러내고 싶은 것인지 스스로에게 묻기 위해 잠시 멈추는 것이 필요하다. 멈추는 것이야말로 탁월한 성찰의 행동이다. SNS는 연결의 도구이자 우리의 내면을 비추는 거울이기도 하다. 그렇기에 그 거울에 어떤 '나'를 남길 것인가는 결국 우리 각자의 선택에 달려 있다.

또한 '무엇을 말할 것인가'와 더불어 '어떻게 말할 것인가'도 동시에 고민해야 한다. '표현의 진심'과 '절제의 지혜'를 함께 갖추는 SNS 소통 능력이 필요한 것이다. 내가 글을 올리는 순간 우리는 이미 누군가의 타임라인 속에 있고, 누군가의 화면 속에 머문다. 내 말을 읽는 사람은 언제나 존재한다. 무작정 자기 이야기를 쏟아내기 이전에 잠시 멈추어 이러한 성찰을 해볼 때 우리는 비로소 익명성이라는 유혹을 넘어선 성숙한 디지털 시민으로 성장할 수 있다.

진정한 자기표현은 감정을 숨기지 않되 다른 사람을 존중하는 방식으로 드러내는 것이다. 우리가 쓰는 문장 하나, 댓글 한 줄에는 우리의 인격과 세계관이 담겨 있다. 디지털 공간에서의 언어 표현은 사람의 마음을 다루는 일이다. 따뜻함이 느껴지도록 표현하고 신중하게 말을 선택하는 것이 우리 시대의 가장 인간적인 품격이 아닐까?

3

스마트폰을 내려놓으면 일어나는 '연결'

한 교사가 중학생들에게 실험을 제안했다.

"가방에 스마트폰을 넣어두고 하루를 살아보자."

학생들의 반응은 극명하게 갈렸다.

"싫어요. 불안해서 안 돼요."

"아, 왜요? 세상과 단절되라고요?"

이 말들에는 단순한 저항이 아니라 어떤 두려움이 섞여 있다. 스마트폰을 잠시라도 내려놓는 일이 곧 세상과의 연결을 끊는 일처럼 느껴지는 시대이기 때문이다.

그런데 실험이 끝난 뒤 반응이 달라졌다. 학생 가운데 절반 이상이 이렇게 말했다.

"오히려 편했어요. 신경 안 써도 되니까."

"처음엔 힘들었는데 점점 괜찮아졌어요."

"사람들이랑 대화하는 시간이 늘어서 오히려 좋았어요."

스마트폰 차단 실험

아이들이 스마트폰을 가방에 넣어둔 채 불편함을 견디고 난 뒤에 오히려 좋았던 것은 무엇이었을까?

바로 '진짜 연결'이었다. 화면이 아니라 서로의 눈을 보고, 말풍선이 아니라 목소리를 들으면서 생겨나는 감정의 교류. 그건 어떤 앱도 제공하지 못하는 것이다.

스마트폰은 강력한 도구지만 관계를 대신해주는 데에는 한계가 있다. 특히 청소년기에는 더욱 그렇다. 이 시기의 인간관계는 단순한 사귐을 넘어서 정체성과 자존감 형성에 큰 영향을 미친다. 친구 관계를 통해 우리는 '내가 어떤 사람인지', '어떤 방식으로 사랑받고 싶은지', '내가 타인에게 어떤 존재인지'를 발견하고 배운다. 그런데 중요한 순간마다 고개를 숙이고 화면을 들여다보는 습관이 몸에 배면, 사람과 마주 앉는 법, 침묵을 견디는 법, 공감하는 법을 익히기 어려워진다. 대화가 잠시 끊길 때의 공백, 말로 표현되지 않는 감정, 눈빛과 표정에 담긴 신호를 읽는 능력은 결국 '함께 있는 시간'을 통해 길러지기 때문이다.

이제 가장 중요한 질문 하나를 스스로에게 던져보자.

"지금 이 순간, 내 앞에 있는 사람보다 더 중요한 일이 있는가?"

만약 없다면, 스마트폰은 잠시 내려놓아도 괜찮다. 아니, 내려놓아야 한다.

현대 사회에서 스마트폰 없이 사는 건 상상이 안 될 정도다. 그렇기에 때때로 스스로에게 물어야 한다.

'스마트폰에 내 시간을 통째로 내어주지 않고 내가 주도권을 쥐고 있는가?'

'소중하고 좋은 사람들과의 관계를 해치지 않으면서 연결을 지켜내고 있는가?'

이러한 물음을 정면으로 마주할 때 우리는 가장 소중한 것, 즉 주도적인 관계와 연결의 기쁨을 누리게 된다.

모바일 인터넷 차단 실험

흥미로운 실험을 하나 더 소개하고 싶다. 캐나다 브리티시컬럼비아대학교와 북미 공동 연구팀이 진행한 실험이다. 성인과 대학생 400여 명에게 2주 동안 스마트폰의 모바일 인터넷(와이파이 및 데이터)을 차단하도록 하고, 그 전후의 변화를 분석했다.

통화와 문자 기능만이 허용된 스마트폰 환경에서 사람들은 처음엔 답답함과 불안함을 호소했다. 하지만 시간이 흐르자 의외의 변화가 나타났다고 한다.

연구 결과를 살펴보면, 참가자들은 ①지속적 주의력(sustained

attention)과 ②정신 건강(mental health), ③주관적 웰빙(well-being) 세 가지 측면에서 향상되었다. 그런데 주목할 부분은 따로 있다. 바로 '연결의 방식'이 달라졌다는 점이다.

온라인에서의 연결이 차단되자 사람들은 자연스럽게 오프라인으로 소통을 더 많이 시도했다. 얼굴을 직접 보고 하는 대화가 늘고, 친구나 가족과 함께 보내는 시간이 많아졌다. 또 운동이나 산책, 독서 등 몸을 쓰는 활동도 늘었다. 디지털 네트워크가 사라진 자리에 인간관계의 연결과 건강한 일상이 들어선 것이다.

이 실험은 단순히 스마트폰(인터넷) 사용을 줄이는 게 좋다는 차원이 아니라, 스마트폰을 내려놓았을 때 사람 사이의 관계와 사회적 연결이 회복된다는 것을 잘 보여준다.

함께 있는 시간의 의미

스마트폰은 분명 우리를 언제 어디서나 연결시켜주는 놀라운 도구임이 분명하다. 단 한 번의 터치로 멀리 있는 사람과 대화하고, 정보를 얻고, 세상과 소통할 수 있게 해준다.

하지만 역설적이게도 이 놀라운 기기를 손에서 놓지 못하는 순간부터 우리는 가장 가까이에 있는 사람과의 연결을 잃기 시작한다. 눈앞의 사람이 아니라 화면 속 세상에 집중하면서 관계의 우선순위가 뒤바뀌는 것이다. 얼굴을 마주하고 있지만 마음이 멀어지는 관계, 그것이 스마트폰 시대의 새로운 고립이다. 친구와 함께 앉아 있지만 대화의 흐름은 끊기고 시선은 화면을 맴돈다. 상대의 말을 놓치고는 "뭐라고? 방금 뭐라고 했어?" 하고 되묻는 순간이 반복되면 서운함이 쌓이고 신뢰가 줄어든다.

이 작은 단절이 쌓이면 좋은 연결의 경험은 점점 사라져간다. 그러면 '같이 있는 게 뭐가 좋아?'라는 회의감이 드는 동시에 '함께 있는 시간의 의미'마저 희미해진다. 참으로 아이러니하게도 우리는 연결을 위해 만든 기기를 통해 서로에게서 멀어지고 있는 것이다.

특히 청소년기의 우정은 단순히 취미나 관심사를 함께 나누는 수준을 넘어선다. 우정을 통해 자신의 정체성을 확인하고 다른 사람을 이해하는 법을 배운다. 친구와의 관계 속에서 '나는 어떤 사람인가'를 탐색하고, 다른 사람의 감정과 시선을 통해 자신을 비춰보며 사회적 자아를 형성해간다. 친구와 공감해서 웃고, 달라서 다투고, 함께하기 위해 화해하는 모든 과정이 곧 자아를 확립하고 관계를 배워나가는 과정이다.

하지만 스마트폰이 그 자리를 대신할 때 우정은 제대로 자리를 잡지 못한다. 갈등이 생겼을 때 용기를 내어 마주 앉아 대화하려고 하기보다 '읽지 않기'나 '차단하기'로 회피하게 된다. 감정 역시 진심 어린 표정이나 떨리는 목소리가 아닌 이모티콘이나 단어 몇 개로 축약되면서 연결은 점점 느슨해진다.

친구와 문자나 DM으로 다투었을 때를 떠올려보자. 감정이

격해지면 화면 너머로 주고받는 짧은 문장 속에 오해가 냉큼 스며든다. 직접 얼굴을 마주했다면 표정과 목소리의 감도로 충분히 풀릴 일도 메시지 몇 줄로 잘라버리면 감정의 결이 왜곡된다. 그러면서 대화의 맥락이 생략되고, 서로의 의도를 확인할 기회가 줄어든다. 아마 누구나 이러한 경험을 한 적이 있을 것이다.

이런 상황이 반복되면 우리는 갈등을 조율하고 이해를 회복하는 법보다, 대화를 피하거나 관계를 끊는 방식으로 문제를 처리하는 습관을 갖게 된다. 청소년 시기에 관계를 통해 성장하고 내면이 성숙해지는 과정의 소중함에 대해 우리 스스로 다시 한 번 깊이 고민해볼 필요가 있지 않을까?

진짜 친구는 폰 없어도 어색하지 않은 친구

한 고등학생의 이야기다.

"친구랑 진짜 친하다고 생각했는데, 제가 힘들다고 하니까 이모티콘 하나 보내고 끝이더라고요. 그 순간 얘는 그냥 인스타 친구였구나, 싶었어요. 나중에 따져 물어보니 뭐라고 해야 할지 모르겠어서 그랬대요."

이것은 단지 누군가의 개인적인 에피소드가 아니다. 감정을 어떻게 주고받아야 할지 모르는 '얕은 관계'가 우리 주변에 점점 늘고 있다는 증거이기도 하다.

"진짜 친구는 폰 없어도 어색하지 않은 친구예요."

강의에서 만난 한 청소년의 이 짧은 한마디가 오래도록 잊히지 않았다. 이 말을 할 때의 표정이 많은 이야기를 품고 있는 것 같았기 때문이다. 누군가와 함께 있을 때 잠시 어색한 침묵이 찾아들 수도 있다. 그 순간을 스마트폰에 의존하지 않고 어색함마저도 함께할 수 있는 친구가 진짜 친구일지도 모른다. 말이 오가지 않아도 편안하고, 침묵 속에서도 마음이 이어지는 관계. 그것이 스마트폰 없이도 이어지는 진짜 연결의 모습이 아닐까?

사람 사이의 관계는 연락을 얼마나 자주 하느냐가 아니라 얼마나 진심으로 연결되어 있느냐로 결정된다. 진심은 화면을 넘어서야 느껴진다. 손에 쥔 스마트폰을 내려놓는 그 순간, 우리는 비로소 사람을 볼 수 있게 된다. 곁에 있는 사람을 신경 쓰면서 스마트폰을 슬며시 내려놓는 그 짧은 결정은 이렇게 말하는 것과 같다.

"나는 지금, 너에게 집중하겠어."

다정한 연결은 이렇게 시작된다.

4

멈출수록 집중력이 올라간다고?

청소년을 위해 꼭 이 책을 쓰고 싶었던 이유가 있다. 오늘날 청소년들은 태어날 때부터 디지털과 함께 자랐고 앞으로도 스마트폰과 온라인 환경에서 살아갈 것이기 때문이다. 강의를 하면서 만난 청소년들에게서 스마트폰 때문에 어려움을 겪는다는 이야기를 많이 들었다.

"주변 사람과 잘 지내기도 뭔가 더 어렵고, 부정적인 감정이 들어서 힘들어요."

몇 년에 걸쳐 이런 하소연을 들어오면서 그 이야기들은 단순한 고민이 아니라 청소년의 일상과 마음속에 자리 잡은 현실이라는 것을 알게 되었다. 실은 나 역시도(여러분의 주변 어른들도) 이러한 문제들에서 완전히 자유롭지 않다. 스마트폰이라는 도구가 때로는 나를 지치게 하고, 관계를 흐리게 하며, 일상의 속도를 어지럽히기도 한다.

하루에 평균 300번 이상 스마트폰을 확인한다니!

우리는 누구나 집중을 더 잘하고 싶어 한다. 해야 할 일에 깊이 파고들고, 배우고 익히며, 내가 중요하게 여기는 일에 온전히 정신을 쏟고 싶은 마음은 누구에게나 있다. '산만하고 싶어서 산만한 사람은 없다'고 나는 오랫동안 믿어왔고 지금도 그렇게 믿고 있다.

그러나 우리의 일상은 알림과 자극이 폭우처럼 쏟아지는 디지털 환경에 놓여 있다. 그럼에도 이 짧고 반복적인 자극들이 우리의 주의를 조금씩 빼앗어가고 있다는 사실을 자주 잊는다.

자신이 하루에 몇 번이나 스마트폰을 확인하는지 가늠이 되는가? 한 연구에 따르면 현대인은 하루 평균 300번 이상 스마트폰을 확인한다고 한다. 300번이라는 말에 '그럴 만하다' 하고 고개가 끄덕여지는가, 아니면 '나는 100번도 안 될걸' 하는 생각이 드는가? 어느 쪽이든 한 번쯤 진지하게 세어볼 만한 숫자다. 문제는 수시로 하는 이 짧은 '확인'의 순간이 모여 결국 주의를 단절시키고 인지적 피로를 증폭시킨다는 점이다. 집중력을 유지하기 어려운 환경을 스스로 만들어내는 셈이다. 이건 단순히 습관의 문제가 아니다.

그렇다면 디지털 환경기 청소년의 집중력에 어떤 영향을 미

치는지, 그리고 오늘날 그것이 왜 특히 중요한 문제인지 조금
더 깊이 들여다보자.

스마트폰은 원래 끊기 어렵게 만들어졌다

잠깐, 지금 이 글을 읽으면서 스마트폰을 몇 번이나 들었다
놨는가? 알림이 울리지 않았는데도 괜히 화면을 켜본 적은? 사
실 그건 별로 이상한 일이 아니다. 우리가 사용하는 스마트폰,
SNS, 숏폼 콘텐츠는 처음부터 그렇게 설계되어 있다. 자꾸 손
이 가도록, 한번 잡으면 놓기 어렵도록.

문제는 이 구조에 익숙해질수록 뇌도 그 리듬에 맞춰진다는
것이다. 짧고 빠른 자극에 반응하는 데 익숙해진 뇌는 길게 집
중하는 것을 점점 버거워한다. 책 한 페이지를 읽다가 자꾸 딴
생각이 나거나, 공부를 시작하려는데 도무지 집중이 안 되는 상
황을 한 번쯤 경험해봤을 것이다. 이는 의지 부족이 아니라 뇌
가 빠른 자극에 길들여진 결과일 수 있다. 그래서 뇌과학자들은
숏폼보다 차라리 영화처럼 호흡이 긴 콘텐츠를 보라고 말한다.
집중을 지속하는 법을 다시 연습시키기 위해서다.

그렇다면 스마트폰을 끊으면 실제로 어떻게 달라질까? 영국
의 한 학교에서 직접 실험해봤다. 학생들에게 21일 동안 스마
트폰을 완전히 금지했더니 결과가 꽤 놀라웠다.[4]

- 하루 평균 수면 1시간 증가
- 불안과 우울 지표 17% 감소
- 반응속도와 기억력 향상

고작 3주 만에 이런 변화가 생겼다. 뒤집어 말하면, 스마트폰이 그만큼 수면과 기분과 기억력을 조용히 갉아먹고 있었다는 뜻이기도 하다.

우리나라 연구에서도 비슷한 흐름이 확인됐다. 스마트폰을 많이 쓸수록 집중력이 흐트러지고, 집중력이 떨어지면 공부에 대한 의욕과 자신감까지 함께 약해진다는 것이다.[5] 이 고리는 생각보다 쉽게 끊기지 않는다.

그렇지만 걱정할 필요는 없다.

집중력은 사라진 게 아니라 잠시 빼앗긴 상태일 뿐이다. 앞에서 말한 실험에서 21일이면 충분했다는 걸 기억하자. 우리에게도 그만큼의 시간이 당연히 있다. 스마트폰을 잠깐 내려놓는 그 순간부터, 뇌는 조용히 회복을 시작한다.

왜 청소년기의 집중력이 중요할까?

청소년기는 생애 전체를 통틀어 뇌가 가장 빠르게 변화하고 성장하는 시기다. 특히 주의력과 실행기능(계획하기, 판단하기, 감정 조절하기, 행동 통제하기 같은 능력)이 눈에 띄게 발달한다. 뇌과학자들은 이 성장의 중심에 전전두엽이 있다고 말한다. 전전두엽은 인간의 뇌에서 가장 늦게 성숙하는 영역이다. 사춘기 후반부터 20대 중반까지도 계속 발달한다.[6]

이 시기의 전전두엽에서는 '시냅스 가지치기'와 '백질화'라는 중요한 변화가 빠르게 일어난다. 어려운 말처럼 들리겠지만, 간단히 말하면 필요 없는 회로는 정리하고, 필요한 회로는 단단하게 연결해서 뇌가 스스로 구조를 다듬어가는 과정이라고 할 수 있다.

그래서 청소년기에 '무엇에 주의를 기울이며 시간을 보내는가'는 단순한 취향이나 습관의 문제가 아니라 뇌의 설계도를 바꾸는 일이다. 집중하는 습관 하나가 뇌의 연결 방식을 바꾸고, 그 연결 방식이 다시 미래의 집중력을 만들기 때문이다.

우리 뇌는 우리가 어떤 일을 '하고 싶다-계속하고 싶다-집중할 만하다'고 느끼는 방식으로 작동한다. 즉, 집중력을 기른다는 것은 '동기-보상-주의력'을 활성화하는 뇌의 엔진을 튼튼하게 만드는 과정이다. 청소년의 뇌는 누구보다 유연하고 변화 가능성이 높다. 그래서 청소년기야말로 어떻게 훈련하고 무엇에 주의를 기울이느냐에 따라 집중력이 충분히, 그리고 눈에 띄게 좋아질 수 있는 시기다.

집중력은 정서와 사회성의 기반이다

흔히 '집중력이 좋다=공부를 잘한다'라고만 생각하기 쉽다. 하지만 청소년기의 집중력은 단순히 성적을 올리기 위한 능력이 아니다. 집중력은 감정을 다스리고, 순간적인 충동을 조절하고, 문제를 차분하게 해결하고, 다른 사람을 이해하고 관계를 유지하는 힘까지 키워주는 매우 중요한 정서·사회적 기초 체력이다.

집중력이 있어야 마음이 흔들리는 순간에도 스스로를 제어할 수 있고, 여러 가지 방해 요소를 잠시 밀쳐두고 내가 하려는 일을 계속 이어갈 수 있다. 즉, 집중력은 내 마음을 다루는 능력과도 관련이 깊다.

심리학자 아델 다이아몬드는 집중력과 작업기억, 억제조절 같은 능력, 즉 우리 머릿속에서 '생각을 관리하는 기능'이 단순한 학업 성취뿐 아니라 사회관계를 유지하는 힘, 정서적인 안정감, 삶의 전반적인 행복감까지도 예측한다고 설명한다. 다시 말해 집중력은 공부만 잘하게 해주는 게 아니라, 다른 사람과 잘 지내고 감정을 잘 다루며 삶을 잘 살아가는 힘과도 깊이 연관되어 있다는 것이다.

청소년기에 집중력을 키우는 일은 단순히 시험 대비를 잘하는 기술을 익히는 것이 아니다. 평생을 버틸 마음의 힘, 정서적 근력, 사회적 유연성을 키우는 과정이다. 집중력은 공부의 도구가 아니라 삶 전체를 지탱하는 기반이다.

멈추는 순간, 뇌는 회복을 시작한다

결국 우리는 중요한 사실 하나에 닿게 된다. 집중력은 타고난 재능이 아니라, 그것을 지킬 수 있는 환경에서 비로소 발휘되는 힘이라는 점이다. 여러분의 뇌는 여전히 빠르게 성장하고 있고, 감정과 주의를 다루는 능력은 얼마든지 회복하고 성장할 수 있다. 스마트폰이라는 도구 역시 어떻게 사용하는가에 따라 삶의 질을 높일 수도, 낮출 수도 있다. 그리고 이미 우리는 이 사실을 알고 있다.

디지털 자극에서 벗어나 잠시 멈추는 행위는 단순한 '금지'가 아니라 뇌가 회복할 시간을 주는 능동적인 선택이다. 멈춤으로써 뇌는 휴식을 얻고, 머릿속 잡음이 가라앉으며, 무엇에 주의를 기울일 것인가를 스스로 선택할 수 있는 힘을 되찾게 되니 말이다.

멈추는 순간, 뇌는 회복을 시작한다. 회복이 시작되면 집중력은 다시 살아난다. 그리고 집중력이 살아날 때 삶은 더 선명해지고 내가 진짜 원하는 방향이 또렷하게 보이기 시작한다.

"멈출수록 집중력이 올라간다"는 말은 단순한 슬로건이 아니라 뇌과학과 심리학이 함께 입증한 명제다. 나를 소모시키는 자극에서 잠시 눈을 돌려 스스로에게 집중하는 것, 그것이 지금 내가 나에게 할 수 있는 가장 가치 있는 투자다.

5

우리는 '사람'에게 더 다정해질 수 있다

배우 강하늘이 한 유튜브 채널에 출연해 자신은 촬영 현장에서 휴대폰을 거의 보지 않는다면서 그 이유를 상세히 밝힌 적이 있다. 그는 평소 집에서도 휴대폰을 거의 안 본다고 말해왔는데 특히 촬영장에서는 아예 안 보려는 마음이 엿보였다. 영화나 드라마 촬영장에서 긴 대기시간 동안 배우나 스태프 대부분이 스마트폰을 들여다보며 시간을 보내는 것과 달리, 자신은 그러지 않는다며 이렇게 말했다.

"휴대폰을 보고 있으면 아무도 나에게 말을 못 걸잖아요."

'인간의 온기'를 나누는 힘

촬영장 분위기를 잠시 상상해보자. 카메라가 세팅되고, 조명이 맞춰지고, 감독의 사인이 떨어지기 전까지 배우들은 각자의 자리에서 대기하며 특유의 정적이 흐른다. 주변에는 조연과 단역 배우들이 있고 스태프들은 분주하게 움직인다. 이때 대기하는 사람들이 다들 휴대폰을 손에 쥐고 각자의 세계로 들어가 버리면 그 공간에는 묘한 '거리감'이 생기지 않을까?

강하늘은 촬영장에서 주로 다른 배우들에게 말을 걸거나 대본을 본단다. 그러면 누군가 "저기, 이 장면에서 이런 감정선은 어때요?"라며 말을 걸기도 할 것이다. 휴대폰을 보고 있으면 말을 걸기가 어려울 텐데 대본을 보고 있으면 고민을 같이 나눌 수 있다는 그 미세한 차이를 알고 있는 듯하다.

상상력을 조금 더 발휘해보자. 촬영이 없는 짧은 순간에도 누군가는 조연 배우나 스태프에게 먼저 인사를 건네고, "오늘 많이 춥죠?" "조명 세팅이 오래 걸리네요." 같은 간단한 말로 분위기를 부드럽게 만들 수 있다. 사실 '심심한 시간'은 관계를 맺기에 가장 좋은 시간이기도 하다.

강하늘의 이런 태도가 인상 깊었던 이유는 '관계의 기술'과 '인간의 온기를 나누는 힘'을 알고 있는 것처럼 보였기 때문이다. 촬영 대기시간을 단순한 공백으로 흘려보내지 않고 사람과 사람 사이의 문을 여는 시간으로 바꾸는 것, 그것이 '배우로서의 또 다른 자세'로 느껴졌는데, 이는 우리가 일상에서 배울 만한 태도라는 생각이 들었다. 누가 시키거나 압력을 넣어서 하는 일이 아니고, 안 해도 전혀 문제될 게 없기 때문이다. 그렇기에 이것은 하나마나한 행동이 아니라 분명 차원이 다른 태도라고 할 수 있다.

MC 유재석도 스마트폰 사용을 늦게 받아들인 것으로 알려져 있다. 그는 SNS도 하지 않고 심지어 단체 톡방에도 거의 참여하지 않는 것으로 유명하다. 사람들이 다 같이 있는데 톡만 하고 있는 모습이 참 보기 안 좋았다고 한 예능 프로그램에서 밝히기도 했다.

영화감독들은 특히 휴대폰과 관련하여 뚜렷한 철학을 갖고 있는 경우가 많음을 여러 인터뷰 내용으로 알 수 있다. 영화 〈인터스텔라〉와 〈인셉션〉의 감독인 크리스토퍼 놀란은 스마트폰을 쓰지 않는다고 하면서 이유를 이렇게 말했다. "핵심은 산만함의 정도예요." 스마트폰이 나쁜 게 아니라, 스마트폰이 산만함을 높이는 것이 문제라는 것이다. 세계적인 영화를 만든 감독이 창작의 밀도를 지키기 위해 선택한 방식이 스마트폰을 다예 손에서 놓는 것이었다는 사실이 꽤 많은 걸 말해주지 않는가.

타인에게 다정해진다는 것의 의미

이제 우리 이야기로 돌아와 보자. 앞서 말한 사례에서 함께 나누고 싶은 것은 '타인에게 다정해진다는 것'의 의미다. 우리는 다정함을 말로 표현하려 하지만, 사실 다정함은 말보다 태도에서 먼저 드러난다. 그중 하나가 바로 휴대폰을 잠시 내려놓는 일이라는 것에는 반론이 없을 것이다.

　다른 사람과 만난 자리에서, 그리고 여러 사람이 모인 장소에서 휴대폰을 내려놓는 행동은 "나는 지금 당신을 보고 있어요.", "당신에게 집중하고 있어요."라는 신호와도 같다. 눈을 마주치고, 고개를 끄덕이며, 상대의 말에 반응하는 아주 단순한 행위가 관계를 따뜻하게 만든다. 반대로 휴대폰을 든 손은 언제든 대화의 흐름을 끊고, 상대의 존재를 '잠시 보류'시키는 손짓이 된다. 그래서 '폰을 내려놓는다는 것'은 사람에게로 다시 시선을 돌리는 행위, 즉 '관계의 문'을 여는 일이라고 할 수 있다.

　다정함은 눈에 띄는 특별한 행동에서 시작되지 않는다. 대화를 하는 동안에는 휴대폰을 내려놓는 사소한 습관, 그 작은 실천이야말로 서로를 존중하고 신뢰를 쌓아가는 가장 구체적인 방식이다.

　다음으로, 나에게 다정해진다는 것에 대해 생각해보자. 타인에게 다정해지는 것이 관계맺음에 필요한 예의라면, 나에게 다정해지는 것은 스스로의 집중과 평온을 지켜주는 일이다. 그것은 곧 집중할 권리를 나 자신에게 허락하는 행위이기도 하다. 우리 뇌는 본능적으로 '깜빡이거나 울리는 것'에 주의를 빼앗기게 설계되어 있다. 이는 나약함이 아니라 인간의 생리적 반응이다. 그러므로 알림의 유혹을 의지로 억누르려 애쓰기보다 알림이 덜 울리게 '환경'을 설계하는 편이 현명하다.

　예를 들어 학교에 오가는 10분, 점심 후 10분, 잠들기 전 30

분을 '무알림 구간'으로 정해보는 거다. 이때 목표는 정보 금식을 넘어 감각 회복이라고 할 수 있다. 창밖을 보고, 몸의 신호를 듣고, '지금 내 기분은 어떠한지' 한 줄 메모를 해보는 것도 좋겠다. 홈 화면에는 꼭 필요한 앱 몇 개만 남기고 나머지는 폴더 속에 넣어두는 거다(선택지를 단순화하는 일은 곧 주의력 낭비를 줄이는 일이다). 단톡방 알림이 울려도 즉시 반응하기보다 "지금은 공부 중이라 8시에 답할게."라고 미리 알리는 것도 좋다. 그것은 무례가 아니라 자기 시간을 존중하는 예의다.

두 가지 다정함에 덧붙여서 공간과 시간에 대한 감수성으로까지 확장해볼 수 있다. 고실, 동아리방, 대기실 같은 공간은 원래 사람들 사이에 온기가 오가던 곳이다. 친구의 표정을 눈치채고, 짧은 농담 하나로 분위기가 풀리던 그런 마당 말이다. 그런데 요즘은 조금 달라졌다. 같은 공간에 있어도 모두의 시선이 자기 스마트폰의 화면에 머물러 있고, 말소리 대신 알림음이, 눈맞춤 대신 스크롤이 그 자리를 대신한다.

공간은 사람들이 모이는 순간 생기를 띤다. 누군가의 웃음, 한마디 인사, 작은 기척이 그 안의 리듬을 다시 살려내고, 그 리듬 속에서 함께 공부하고 함께 무언가를 만들어가는 협력이 시작된다. 이렇게 공간이 살아나면 그 공간은 서로를 지탱하는 안전지대가 된다. 좋은 공간이란 단순히 와이파이가 잘되고 편리한 곳이 아니라 사람의 온기를 느낄 수 있는 곳임을 알아채는 것이 공간에 대한 감수성이다.

시간에 대한 감수성 역시 놓쳐서는 안 된다. 우리는 늘 '지금 바로' 반응하고 답해야 한다는 디지털 속도에 익숙해져 있다. 그러나 진짜로 오래 남는 관계, 깊은 생각, 그리고 완성도 높은 결과는 언제나 느린 시간 속에서 자란다. 알림 확인을 잠시 미루고, 메시지 답장을 늦추며, 침묵을 견디는 일은 게으름이 아니라 성찰을 위한 훈련이다.

'지금 바로'의 유혹을 견디는 힘은 곧 집중의 밀도를 높이는 힘과도 같다. 느린(상대적으로) 시간은 관계를 천천히 이루어가게 하고, 생각을 숙성시킬 기회를 준다. 바로 이렇게 세상의 속도에 휩쓸리지 않고 내가 내 시간을 조율할 수 있는 힘이 시간에 대한 감수성이라고 할 수 있다.

일상에서 다정함을 지키기

그렇다면 우리는 일상에서 무엇으로 다정함을 지켜나갈 수 있을까?

첫째로 제안하고 싶은 것은 의도적으로 '방해금지 시간'을 설계하는 것이다. 내 일상에서 이동 중 20분, 어딘가에서 대기 중 10분, 집중 전 15분처럼 특정 시간대를 '무알림 구간'으로 정하는 거다. 이때의 목표는 알림이라는 정보를 끊어내는 것보다는 몸의 감각에 집중하는 것으로 잡으면 좋겠다. 대화에 집중하고, 창밖을 보고, 사람들의 표정을 읽고, 머릿속으로 어떤 생각들이 지나가는지 관찰해보자. 스마트폰 알림으로 집중이나 생각이 흐트러지는 것으로부터 나를 다정하게 보호하겠다는 생각으로 하면 딱일 것이다.

둘째, 더 친절하고 세심하게 말하는 것으로 다정함을 실행해 본다. 예를 들어, 여러 명이 함께 있는 톡방에서 이야기가 한창 오가는 중에 알림을 끄고 지금은 내 시간에 집중할 때임을 친절하게 알려주는 것이다. "나 바쁨", "나중에 볼게요." 대신에 "지금은 집중 시간이어서 5시에 읽고 의견 올릴게."라는 식으로 말이다. 또는 "7시부터 9시까지 일이 있어서 이후에 확인해볼게요." 하는 식으로 미리 알려주는 것도 좋다. 이러한 말 한마디가 다른 사람에 대한 배려가 된다. 서로 톡을 주고받다가 한쪽이 갑자기 사라지면 괜한 오해를 살 수 있지만 이렇게 말을 해두면 무관심하다는 오해 대신 자신의 시간에 집중하는 사람으로 존중받을 수 있다.

셋째, 함께하는 사람들과 공간의 규칙을 세워본다. 동아리 활동이나 회의, 리허설을 할 때 등 여러 명이 집중해야 하는 자리에서는 "급한 연락이 아니라면 이거 하는 동안 스마트폰은 넣어두면 어때요?" 식으로 간단한 규칙을 세워보는 거다. 이러한 규칙은 통제가 아니라 함께하는 사람들끼리 서로를 존중하는 신호라고 할 수 있다. 이런 제안을 먼저 한다는 건 그 자리에 애정이 있다는 걸 보여주는 것과 같다. 다른 사람들도 이 제안에 쉽게 공감할 것이다. 이런 제안을 하느냐 마느냐에 따라 함께하는 동안 서로에게 보이는 집중과 다정함의 정도가 달라질 것이다.

넷째, 먼저 다가가는 자연스러운 '스몰 토크'를 자꾸 시도해보자. 요즘엔 점점 더 스몰 토크가 어색해지고, 어떻게 말을 꺼내야 할지 몰라서 스마트폰을 본다고들 한다. "이 과제 너무 어렵지 않았어?", "너 요즘 어떤 노래 들어?" 이런 말 한마디가 분위기를 금세 부드럽게 만든다. 처음엔 어색할 수 있지만 스몰 토크는 분위기를 서글서글하게 만드는 힘이 있다. 대화가 길지 않아도 괜찮다. 그저 먼저 말을 거는 것만으로도 상대방은 이 사람이 분위기를 좋게 하려고 마음을 쓴다는 걸 느끼게 된다. 먼저 말을 건네다 보면 자연히 이런저런 질문을 생각하게 되면서 더 다양한 대화를 나눌 수 있게 된다. 작은 대화에서 시작된 다정함이 사람에 대한 공감과 신뢰로 이어지는 경우가 많다.

다정함을 보인다는 것은 우리가 매일 마주하는 시간과 공간, 그리고 사람 사이의 관계를 '공유지'로 만드는 일이라고 할 수 있다. 스마트폰이라는 개인의 울타리 안에 갇히지 않고 서로의 존재가 스며들 틈을 만들어주는 것이다. 의도적으로 스마트폰을 가동하지 않는 시간은 내 안의 고요를 회복하는 여백이 되고, 구체적이고 친절한 말은 관계의 온도를 높이는 다리가 된다. 함께하는 자리에서 정한 작은 규칙은 존중의 약속이며, 스몰 토크는 그 약속 위에서 피어나는 인간적인 온기다. 우리 모두가 '덜 연결되기'가 아니라 '더 잘 연결되기'로 마음을 쓸 때 세상이 더 다정해지지 않을까?

내 삶을 지키는 실천 4

오늘부터 실천하는 '다정함' 7가지 챌린지

1. 만날 때 10분은 폰 없이

친구를 만나거나 누군가와 함께 있을 때, 처음 10분은
스마트폰을 가방에 넣어두자.
예) "우리 잠깐 폰 넣어두고 얘기할까?"라고 말하기

2. 알림 3개만 남기기

알림은 생각보다 내 하루를 흔든다. 오늘 하루만큼은
꼭 필요한 알림 3개만 남기고, 나머지는 꺼보자.
예) 전화, 가족, 학교 공지 정도만 남기기

3. '스몰 토크' 먼저 시도하기

스마트폰을 보는 이유는 종종 '어색해서'다. 그 어색함
을 깨는 편안한 대화를 여는 질문을 해보자.
예) "너 오늘 컨디션 어때?"
　　"요즘 뭐에 제일 빠져 있어?"

4. '읽고 바로 답' 대신 '시간 예약 답장'

답장을 늦게 하는 건 무례가 아니라 내 시간을 지키는
기술일 수 있다. 대신 더 친절하게 말해보자.
예) "지금은 집중할 일이 있으니 8시에 답할게."
　　"오늘 좀 바빠서 저녁에 확인할게!"

5. '지금 내 기분' 한 줄 메모

오늘은 SNS 대신 내 마음을 먼저 살펴보는 게 핵심.
하루 한 번, 짧게라도 적어보자.
예) "오늘 나는 긴장했구나."
　　"사실 외롭다는 감정이 올라왔다."

6. '좋아요'나 이모티콘 대신 '댓글 한 줄'

'좋아요'보다 댓글은 더 깊은 마음을 담을 수 있다.
오늘은 딱 한 사람에게만 따뜻한 댓글 한 줄을 남겨
보자.
예) "이 글 덕분에 위로받았어."
　　"새로운 시도를 하는 너의 모습 진짜 멋있다."

7. 누군가에게 '진짜 관심 질문' 1개

우리는 '함께 있음'을 넘어 '함께 연결됨'을 원한다.
누군가에게 진짜 관심을 담아 질문해보자.
예) "요즘 제일 힘든 건 뭐야?"
　　"내가 도와줄 수 있는 게 있을까?"

다정함은 결국 상대에게만이 아니라, 나에게도 평온을
안겨주는 태도다.

6

SNS 친구 관계를
위로와 공감을 나누는 관계로

1장에서 SNS를 통한 인간관계의 부정적인 측면을 강조했던 것을 기억할 것이다. 그 이유는 분명하다. 우리 삶에서 좋은 것을 유지하는 것보다 나를 해치는 것을 알아차리고 잘라내는 일이 훨씬 더 어렵지만 그만큼 더 중요하기 때문이다. 상처를 주는 관계, 비교를 부르는 피드, 진심 없이 이어진 연결 하나하나는 아주 사소해 보인다. 하지만 자존감과 정서적 안정감에는 생각보다 자주, 그리고 깊게 영향을 미친다.

SNS를 보다가 괜히 기분이 가라앉거나, 나도 모르게 한숨이 나오거나, 내가 초라해지는 느낌이 들 때가 있다면(그 누구도 의도하지 않았더라도) 우리는 이미 영향을 받은 것이다. 청소년뿐 아니라 어른들도 일상에서 "아 정신적으로 해로워. 그만 봐야지." 하면서 휴대폰을 확 내려놓은 적이 있다고들 말한다.

SNS가 맺어주는 특별한 연결

그러면 SNS상의 관계가 모두 피상적이거나 가볍기만 한 걸까? 그렇다고 단정할 수는 없다. 그 안에도 분명 진심이 오가고, 서로의 일상을 세심히 지켜보며 위로와 공감을 나누는 관계가 존재하지 않는가.

나 역시 SNS를 통해서 생각의 결이 맞는 사람을 발견하고 오래도록 친구 관계를 유지한 적이 있다. 만난 적은 없지만 서로에게 댓글을 달며 우리가 같은 생각을 했다는 걸 확인하면서 '내적 친밀감'을 쌓은 경험도 있다.

특히 자주 만나지 못하는 친구의 경우 어떻게 지내는지 근황을 확인하고, 요즘 무슨 생각을 하는지도 보면서 서로 연결된 느낌, 친한 느낌이 지속되는 것 역시 SNS가 만들어주는 특별한 연결 방식이다. SNS라는 공간에는 오히려 물리적 거리가 멀어도 정서적으로 더 가까워질 수 있는 가능성이 있다.

중요한 것은 매체가 아니라, 그 안에서 우리가 어떤 태도로 관계를 맺고 유지하느냐다. 즉, 자주 얼굴을 보고 만나야만 진짜 관계이고, 만나지도 않으면서 SNS로만 연결된 관계는 '가짜 관계'라고 단정할 수는 없다. 관계는 형식이 아니라 내용과 태도로 깊어진다는 걸 우리는 이미 알고 있다. 따라서 SNS에서의 관계가 지니는 부정적인 측면을 보면서 '나는 SNS를 하고 있지만 그렇지 않은데…'라고 생각했다면, 그것은 이미 스스로 잘 사용하고 관리하고 있다는 뜻일 것이다.

어느 날 새벽 무심코 올린 짧은 글에 SNS에서 사귄 친구가 "오늘은 유난히 진심이 느껴지네요."라고 댓글을 남겼다고 해 보자. 얼굴을 본 적도 목소리를 들어본 적도 없는 사이지만, 그 한 문장이 이상하게 오래 남는 경우가 있다. 때로는 이런 짧은 메시지 하나가 직접적인 위로보다 더 큰 힘이 되기도 한다. 한 편으로는 오히려 모르는 사람이 해주는 말이라 더 큰 감동으로 다가온다. 이런 순간에 SNS가 '연결'을 만든다는 말을 실감하곤 한다.

사람과 사람 사이의 경험을 나누며 성장하는 공간으로

나에게 SNS의 좋은 점을 꼽으라면, 무엇보다도 '생각지도 못한 배움이 일어나는 공간'이라는 점을 들겠다. SNS는 단순히 소식을 전하거나 시간을 보내는 플랫폼을 넘어, 내가 미처 닿지 못했던 세계와 사람들을 연결해주는 창이 되기도 한다. 나와 비슷한 관심사를 가진 사람들의 글을 읽으며 공감하고, 나보다 한 걸음 앞서 있는 이들의 통찰을 통해 새로운 관점을 배우게 된다. 누군가가 추천한 한 권의 책, 사회 문제를 깊이 있게 분석한 글, 혹은 진로에 대한 고민을 솔직하게 나눈 댓글 하나까지 그 모든 것이 하나의 '작은 강의실'이 되는 경험을 해본 적이 있을 것이다.

그 속에서 나는 사고를 확장하고, 생각의 균형을 되돌아보며, 세상을 바라보는 시야를 조금씩 넓혀간다. SNS는 단순한 소통의 공간을 넘어, 서로의 경험과 지식을 나누며 함께 성장할 수 있는 열린 학습의 장이 될 수 있다. 그들이 내게 직접 가르침을 주는 것은 아니지만, 자신의 삶을 성실히 기록하고 성찰하는 태도를 접하는 것 자체가 하나의 배움이다.

한 환경운동가의 계정을 팔로우하면서 나는 '기후위기'가 더 이상 뉴스 속 이야기만이 아니라 일상의 선택과 연결된 문제라는 사실을 실감했다. 그가 올린 사진 한 장, 문장 하나 덕분에 나의 소비 습관을 되돌아보고 더 많은 관심을 갖게 되었다. 또 어떤 작가가 매일 새벽 올리는 '오늘의 문장'을 볼 때면, 그 짧은 구절이 마치 하루를 여는 사색의 문처럼 내 마음을 정리해주기도 한다.

어떠한 마음으로 관계를 맺는가

한 청소년은 미술을 전공하는 대학생의 SNS 계정을 보며 자신의 그림도 꾸준히 올려보고 싶다는 동기를 얻었다고 한다.

"그 언니가 매일 스케치북 사진을 올리는데, 완벽하지 않아도 꾸준히 그리는 모습이 멋있었어요."

완벽보다 '꾸준함의 힘'을 배우는 순간이었던 것이다.

또 다른 청소년은 공부 자극 계정, 이른바 '스터디그램'을 보며 자신만의 공부 습관을 만들어간다고 한다.

"누가 시켜서 하는 게 아니라, 서로의 노트를 보며 응원하고 댓글을 주고받는 게 힘이 됐어요."

이처럼 SNS 속 우연한 만남은 나를 설득하거나 가르치려 하지 않지만, 묵묵히 자신의 삶을 보여주는 방식으로 서로에게 깊은 영향을 남긴다.

SNS에서의 소통이 특별히 다른 방식의 언어를 사용하는 것은 아니다. 결국 사람과 사람 사이의 대화와 공감이 중심이며, 다만 그 무대가 현실에서 온라인으로 옮겨졌을 뿐이다. 얼굴을 맞대고 이야기 나누는 대신, 우리는 스마트폰 화면을 사이에 두고 목소리가 아닌 짧은 문장과 이모티콘, 사진 한 장으로 감정을 전한다. 즉, 관계의 본질은 변하지 않았으며 단지 표현의 도구와 공간이 달라졌을 뿐이다.

중요한 것은 매체가 아니라 그 안에서 우리가 어떤 마음으로 관계를 맺느냐라는 걸 우리는 이미 알고 있다. 진심이 담긴 말은 화면 너머에서도 충분히 전해지고, 따뜻한 위로는 댓글 한 줄에도 녹아들지 않는가. SNS 속 친구들이 남긴 말과 온기, 그리고 작은 격려는 여전히 나를 성장시키고, 세상을 더 다정하게 바라보게 한다.

우리에게는 좋은 관계를 맺을 커다란 가능성과 함께 안 좋은 영향을 받을 또 그만큼의 가능성이 공존하는 공간이 손 안에 쥐어져 있다. 그렇기에 더더욱 이 공간 안에서 나를 위한 성찰이 필요한 것이다.

　SNS는 무엇을 보고, 누구와 연결되고, 어떤 감정으로 반응하는지에 따라, 내 자아를 지켜주는 든든한 공간이 될 수도 있고 내 자아를 쥐고 흔드는 위협이 될 수도 있다는 사실을 기억하면 좋겠다.

 # 내 삶을 지키는 실천 5

SNS 관계, 이것만 기억하자

SNS는 나를 쥐고 흔들기도 하지만 일으켜 세우기도 한다. 중요한 것은 '연결의 개수'가 아니라 그 연결이 나에게 어떤 영향을 주는가다. 아래 다섯 가지 원칙은 SNS 속 관계를 더 건강하게 유지하기 위한 기준이 될 수 있다.

I. 반응이 아니라 태도를 본다

'좋아요' 수나 댓글 개수보다 중요한 건 그 사람이 나에게 보이는 태도다. 급할 때만 찾거나 보이지 않는 곳에서 불편하게 하는 사람은 '친밀한 관계'가 아니다.

2. 불편함은 내가 예민해서가 아니라 '신호'일 수 있다

SNS를 보고 기분이 자주 가라앉거나 초라해진다면, 그건 단순한 기분 탓이 아닐 수 있다. 불편함은 마음이 보내는 신호다. 그 신호를 무시하지 않는 것이 자기 보호의 시작이다.

3. 조용히 끊는 것도 관계의 기술이다

모든 관계를 설명하며 정리할 필요는 없다. 내 마음을 흔들거나 신경 쓰이는 계정은 조용히 언팔로우해도 된다. '끊어내는 용기'는 때로 '나를 지키는 예의'가 된다.

4. 진짜 관계는 화면 밖에서도 확인된다

SNS에서 위로를 받는 것도 충분히 의미가 있다. 다만 정말 중요한 관계라면, 화면 밖에서도 조금씩 확인할 필요가 있다. 전화 한 통, 짧은 안부, "괜찮아?"라는 말이 오가는 관계는 오래 간다.

5. SNS는 '내 마음의 상태'를 보여주는 거울이다

SNS는 세상을 보여주면서 동시에 내 마음도 보여준다. 내가 무엇에 예민해지는지, 누구에게 상처받는지, 무엇이 부러운지를 드러낸다. 따라서 SNS를 볼 때마다 '지금 내 마음은 어떤 상태지?' 하고 묻는 습관 역시 강력한 자기 성찰이 된다.

7

스마트폰을 내려놓으면 '무엇'이 생길까?

지금까지 우리가 나눈 이야기는 스마트폰과 가장 친밀한 청소년 여러분을 비롯해 스마트폰과 가장 자주, 가장 가까이에 있는 오늘날 대부분의 사람이 경험하고 있으며 공감할 만한 이야기다. 이 책을 통해 나누고 싶었던 것은 '문제'가 아니라 '성찰'이라는 것을 다시금 말하고 싶다.

앞에서 나온 이야기를 정리하고 다음으로 걸음을 옮겨보려 한다. 스마트폰을 자주 내려놓으면 어떤 일이 생길지 이미 일상에서 경험해본 적이 있을 것이다. 바로 그 이야기를 조금 더 선명하게 나눠보자.

스마트폰을 내려놓고 마음의 소리를 다시 들어보자

'앰프'라는 용어를 어디에서 사용하는지 알 것이다. '앰프 (Amplifier)'라는 단어는 원래 소리를 크게 키워주는 장치를 뜻한다. 오늘날 우리의 일상에서 스마트폰은 단순히 전화를 걸고 영상을 보는 도구를 넘어, 우리의 감정과 행동을 증폭하는 정신적인 앰프가 되어 있다.

스마트폰 자체는 선하거나 악하지 않다. 다만 그것을 쥐고 있는 것만으로 그 사람의 성향이 더 크게 드러나도록 한다. 조금 산만한 사람은 스마트폰을 통해 더 산만해지고, 불안을 자주 느끼는 사람은 SNS 속 세상에서 더 큰 불안을 경험한다. 반대로 목표가 뚜렷하고 자기 통제력이 강한 사람은 스마트폰을 효율적으로 사용해 공부나 일의 능률을 높인다. 그래서 스마트폰은 우리의 '마음의 소리'를 더 크게 울려 퍼지게 만드는 앰프와 같다.

그런데 앰프 소리가 너무 커지면 작은 소리를 들을 수 없듯이 스마트폰을 많이 사용하게 되면 진짜 마음의 소리도 잃어버리게 된다. 하루 5~6시간 숏폼을 보느라 국가 자격증 시험 준비에 집중하지 못하는 한 청년의 인터뷰를 TV 다큐멘터리에서 본 기억이 난다. 청년은 전문가의 조언으로 스마트폰을 열쇠가 있는 공간에 두고 일정 시간 멀리 두는 실천을 3주 정도 했다. 그렇게 숏폼 시청을 점점 줄이다 보니 숏폼이 너무 시끄럽게 느껴지기 시작했단다. 스스로를 돌아보니 일상에서 오디오가 항상 켜져 있었던 것을 새삼 깨달았다. 청년은 도대체 그동안 어떻게 그토록 시끄러운 일상을 보낸 건지 신기해했다.

이 시대에 우리 일상에서 가장 필요한 것이 바로 '멈춤'이지 않을까? 앰프의 전원을 잠시 끄듯, 혹은 음량을 작게 줄이듯, 스마트폰을 내려놓고 나 자신에게 귀를 기울이는 시간. 그 순간부터 우리는 내 속도를 되찾을 수 있을 것이다. 그렇다면 멈추면 뭐가 달라지냐고? 알고 나면 꽤 놀랄 것이다.

첫째, 멈춤은 '시간을 되찾는 일'이다.

스마트폰을 손에서 잠시 내려놓으면 처음에는 허전하고 초조한 감정이 들 때가 있다. 알림이 울리지 않는 동안 '지금 뭔가를 놓치고 있는 건 아닐까?'라는 생각이 스며들 수 있다. 하지만 그 불안을 조금만 참아내면 가장 먼저 발견하는 것은 시간이다.

'내가 그동안 시간을 잃고 있었구나.'

스마트폰은 하루를 잘게 조각내고, 우리의 집중을 왕창 그리고 끊임없이 빼앗는다. 그러나 멈추는 순간, 시간은 다시 하나의 흐름을 되찾는다. 생각이 이어지고, 감정이 머물고, 순간의 감각이 되살아난다. 멈춤은 단순히 스마트폰을 내려놓는 행동이 아니라, 잃어버린 감각과 시간을 다시 느끼는 행위, 즉 '지금, 여기'로 돌아오는 일이다.

둘째, 멈춤은 '스스로 선택하는 힘'을 되찾는 일이다.

스마트폰은 인간의 무의식에 아주 정교하게 작용해서 우리의 손가락을 자동으로 움직이게 한다. 내 행동을 알아차리지도 못한 채 화면을 켜고, 무심코 스크롤을 내리며, '내가 왜 이걸 보고 있는지'조차 잊어버리게 만든다. 그렇게 시간이 훌쩍 지나버린 뒤, 우리는 자신이 기술이 만들어낸 '자동 반응의 회로' 속에 있음을 발견하게 된다. '언제 이렇게 시간이 지났지?'

하지만 '멈춤'을 위한 알아차림은 그 회로를 끊는 힘을 발휘한다.

'지금 이걸 꼭 봐야 할까?'

'이건 정말 내가 원해서 하는 걸까?'

나 역시 일상에서 무심코 스마트폰을 들어서 숏폼을 넘길 때가 많았는데, 그때마다 이런 생각을 했다. 그러다 보니 어느 순간 '아, 이런 거 보기 싫다.'라는 생각이 들어 지금은 거의 보지 않게 되었다.(그 대신 책을 집어 들거나 방 안을 걷는다.)

멈출 줄 아는 사람만이 집중할 수 있는 사람이 된다. 단 한 번의 멈춤이 '무의식적인 반응의 세계'에서 '의식적인 선택의 세계'로 넘어가는 전환점이 되는 것이다.

셋째, 멈춤은 잉여의 시간을 통해 영감을 가져다준다.

우리는 종종 가만히 있는 것, 예를 들어 멍때리기가 시간 낭비라고 생각한다. 하지만 사실은 그 반대에 가깝다. 내면의 성장과 새로운 생각이 싹트는 여백의 시간이야말로 가장 생산적인 시간이다.

창밖을 멍하니 바라보다 문득 떠오르는 생각, 샤워 중에 불현듯 스치는 아이디어, 책을 덮은 뒤 비로소 이해되는 한 문장. 이런 것들은 대부분 '열심히' 할 때가 아니라 잠시 멈춰 있을 때 찾아온다.

스마트폰이 우리의 주의를 계속 붙들고 있을 때는 이런 틈이 거의 없다. 반대로 잠시 멈추면 머릿속의 소음이 잦아들고, 그 고요 속에서 생각이 연결되고 영감이 피어난다.

여기서 영감은 엄청난 창작과 연결되는 말이 아니다.

"아, 내가 지금 피곤하구나."

"내가 요즘 왜 예민해졌는지 알겠네."

"사실, 이 관계가 내게는 좀 버거웠어."

이런 알아차림도 영감이다.

멈춤은 '아무 일도 하지 않는 시간'이 아니라 회복의 시간이며 새로운 생각과 감각이 자라는 시간이다.

넷째, 멈춤은 '관계를 회복하는 일'이다.

스마트폰은 '멀리 있는 사람과의 연결'을 가능하게 해주었지만, 아이러니하게도 '가까이 있는 사람과의 거리'를 더 멀어지게 했다. 친구와 마주 앉아 있지만 각자의 화면 속에서 다른 세상에 몰입해 있고, 가족과 한 공간에 있어도 각자 이어폰을 꽂은 채 자신만의 세상에 머문다. 같이 있지만 같이 있지 않은 것 같은 느낌을 우리는 종종 막연하게 혹은 선명하게 느낀다.

눈앞의 사람에게 온전히 집중하는 순간, 화면 대신 사람의 얼굴을 바라보고 말보다 표정을 읽게 된다. 즉 상대방이 웃을 때의 미세한 특징, 말끝마다 흘러나오는 숨결, 말하지 않아도 전해지는 감정을 알아차리게 된다. 이런 '완전한 현존'은 속 깊은 대화와 진정한 공감, 신뢰를 쌓는 기반이다.

멈춤은 나 자신과의 관계를 회복하는 일이기도 하다. 우리는 스마트폰 속 수많은 타인의 삶을 들여다보면서 그들의 속도와 자신의 속도를 비교하게 되고, 그 결과 자신을 잃어버리기 쉽다. 하지만 생각의 방향이 '나'에게로 돌아가면 내 생각과 감정, 나의 속도를 다시 느끼면서 자신과의 연결을 되찾는다.

'나는 그것에 대해 어떤 감정을 느끼지?'

'지금 나에게 필요한 건 뭘까?'

이런 질문을 던지는 순간이 나를 탐구하는 시간이 된다.

스마트폰이라는 가상의 공간이 아니라 내가 머물고 있는 곳에 현존하기. 현존이란 '지금, 여기'를 온전히 살아가는 일이다. 스마트폰을 내려놓는 그 짧은 멈춤을 통해 우리는 타인에게도 그리고 자신에게도 다시 진짜로 존재하는 사람이 된다.

4장

진정한 자유와 몰입으로
내 삶의 주인으로
다시 서기

1

영화 <트루먼 쇼>를 보며
발견한 '자유'

우리는 자주(나 역시 자주) '자유롭고 싶다'고 생각하거나 말한다. '자유롭게' 살고 싶고, '자유롭게' 어디든 가고 싶고, 하고 싶은 것을 '자유롭게' 하면 좋겠다고. 하지만 진정 '자유'가 무엇인지 시간을 들여 생각해보거나, 나에게 있어 자유가 무엇인지 깊이 사색해본 적이 있는가?

사람들은 자신이 자유롭지 않다는 사실을 감지하는 데 몹시 뛰어나다. 또 자유롭지 않은 사람은 눈빛과 표정과 몸에서 이미 드러난다. 자유로운 사람과 속박되어 있는 사람의 차이는 잠시만 상상해봐도 금방 알아챌 수 있다.

우리 손 안에 들어온 새로운 형태의 속박

영화 〈트루먼 쇼〉의 주인공 트루먼은 평생 자신이 자유롭다고 믿으며 살아간다. 매일 아침 이웃에게 인사하고, 일하러 가고, 사랑하는 사람과 시간을 보낸다. 그러나 그 모든 일상이 처음부터 누군가가 설계한 거대한 세트장 안의 이야기였다. 보이지 않는 카메라가 항상 그를 따라다녔고, 주변 사람들은 모두 배우였으며, 하늘조차 인공조명이었다. 트루먼은 자유롭다고 느꼈지만, 사실은 한 번도 자유로웠던 적이 없었던 것이다. 문득 이런 생각이 든다. 지금 우리는 어떤가? 스마트폰 화면 속에서 내가 보는 것, 내가 끌리는 것, 내가 선택한다고 믿는 것들, 이 모든 게 정말 내가 선택한 걸까?

역사상 인간은 끊임없이 '자유'를 외쳐왔다. 고대의 노예제 사회에서부터 식민지 독립운동, 인권선언, 민주화 운동에 이르기까지 인간은 자신의 삶을 구속하는 모든 형태의 속박에서 벗어나고자 했다.

그런데 이상하지 않은가?

우리는 과거보다 훨씬 더 자유로워졌는데도 어쩐지 더 자주 숨이 막히고, 더 쉽게 연결되는데도 더 불안하고, 선택지가 더 많아졌는데 더 지친다.

인류는 수많은 혁명과 독립을 통해 외형적으로 구속에서 벗어났다. 하지만 여전히 자본, 기술, 여론, 욕망의 체제 속에서 새로운 형태의 속박을 경험하고 있다. 오히려 과거보다 더 많은 속박에 시달리는 노예가 아닌가 싶다.

마르크스는 이를 '상품물신주의'라 부르며 인간이 스스로 만든 체제에 예속되는 아이러니를 지적했다. 오늘날 그 체제는 아주 작은 크기로, 우리 손 안의 스마트폰으로 들어와 있다.

스마트폰에 대한 애착과 불안

인상 깊었던 경험이 하나 있다.

한 회사에서 업무 회의를 하는데 유독 한 사람이 스마트폰을 계속 들었다 내려놨다 슬쩍 봤다를 반복했다. 그 모습을 보면서 회의를 주관하던 대표가 한마디 했다.

"이 대리, 뭐 중요한 일 있나요? 스마트폰을 계속 보고 있는데 이대리는 항상 회의 때마다 그러는 것 같아요. 계속 그러니까 저도 신경이 계속 쓰이고요, 지금 회의에 집중해주시면 좋겠습니다."

"아, 죄송합니다. 제가 버릇이 되어서…"

회의가 끝나고 몹시 민망해하던 당사자 얘기를 들어보니 자신이 수시로 스마트폰을 들었다 놨다 하는지 모르고 있었다고 한다. 자기도 모르게 그런 행동을 한 거라서 스스로도 화들짝 놀랐다고.

오늘날 많은 사람이 스마트폰을 손에서 잠시라도 떼는 순간

불안이 밀려오는 감정을 경험한다. 과거에는 '분리불안'이라는 말이 영아와 보호자, 또는 사람과 사람 사이의 애착 관계를 설명하는 개념이었다. 하지만 이제 이 단어는 인간과 기계 사이, 특히 스마트폰과의 관계를 설명하는 말로 확장되어 사용되고 있다니 놀랍지 않은가! 언어는 시대의 거울이기에 이 변화는 단순한 비유가 아니라 사회 현실의 반영이다. 스마트폰은 이제 단순한 도구가 아니라 인간의 정서와 일상, 심리적 안정감까지 관통하는 존재가 되었다.

스마트폰에 대한 애착은 결핍과 충족이 반복되면서 형성된다. 언제 울릴지 알 수 없는 알림, 예측 불가능한 '좋아요', 끝없이 이어지는 피드. 인간의 뇌 속 보상회로는 규칙적인 보상보다 '가끔 찾아오는 보상'에 훨씬 더 민감하게 반응한다. 그래서 알림이 언제 울릴지 모르는 그 불확실성이 오히려 강한 중독성을 만들어낸다.

스마트폰을 손에서 놓아두고 있을 때를 한번 떠올려보자.

'지금 무언가를 놓치고 있는 것은 아닐까?'

아마도 이러한 불안과 결핍감을 느낀 적이 있을 것이다. 반대로 손에 다시 쥐는 순간 미세한 안도감이 찾아오고, 그 순간의 안정이 뇌에 보상으로 각인된다.

이렇게 스마트폰에 더 많이 의존하게 될수록 분리불안은 당연히 심해진다. 심지어는 사람과 떨어질 때보다 손에서 스마트폰이 사라질 때 더 큰 불안을 느끼기도 한다. 스마트폰은 우리의 심심함, 지루함, 궁금함 등을 그때그때 달래주지만, 동시에 결핍을 끊임없이 재생산한다. 이것이 바로 디지털 시대의 분리 불안이 작동하는 방식이다.

자발적인 속박

스마트폰 분리불안을 깊이 들여다보면, 그것은 단순히 기술에 대한 의존이나 습관의 문제가 아니다. 정확히 말하자면, 인간이 스스로 만든 도구에 의해 다시 지배당하는 자유와 속박의 문제다.

인간은 도구를 통해 문명을 발전시켜 왔지만, 이제 그 도구가 인간의 시간과 주의를 지배하는 단계에 이르렀다. 이 점에서 스마트폰은 현대판 주인과 노예의 모습을 떠올리게 한다.

우리는 스마트폰을 손에 쥐며 은연중에 '이건 내가 필요해서 쓰는 거야.'라고 생각한다. 하지만 사용 패턴, 클릭의 순서, 머무는 시간, 심지어 우리가 흥미를 느끼는 지점까지 모두 세밀하게 계산된 보상 구조와 알고리즘의 설계 안에서 유도되고 있다.

스마트폰은 결코 우리를 물리적으로 묶지 않는다. 대신 우리가 스스로 묶이도록 설계되어 있다. 편리하다는 이유로, 없으면 불편하다는 이유로 우리는 자발적으로 그 세계에 머문다. 이 자발성은 자유처럼 보이지만, 실상은 동의된 속박이다.

트루먼이 문을 열고 나간 것처럼

스마트폰을 집에 두고 나온 경험을 떠올려보자. 처음에는 불안과 답답함이 밀려온다. 그러나 시간이 지남에 따라 오히려 머릿속이 맑아지고 어깨가 가벼워지는 해방감을 느낄 때가 있다.

스마트폰을 사용할 때 우리는 하루에도 수십, 수백 번 작은 결정들을 내린다. 알림에 반응할지 말지, 화면을 열지 말지, SNS에 사진을 올릴지 말지, 어떤 말투로 답장할지. 그런데 스마트폰을 두고 나오면, 이 연쇄적인 판단의 사슬이 끊어지면서 머릿속의 소음이 멈추고, 비로소 생각이 고요해진다.

그렇다면 자유란 무엇일까? 자유는 흔히 모든 제약이 없는 상태로 알고 있지만, 실제로는 훨씬 더 섬세하고 내적인 개념이다. 진정한 자유는 '나의 주의와 시간을 스스로 결정할 수 있는 힘', 다시 말해 내 삶의 리듬을 내가 조율할 수 있는 능력이다.

예를 들어, 일정 시간 동안 알림을 끄는 일은 단순한 행동 같지만 그 안에는 분명한 선언이 담겨 있다.

"나는 지금, 나의 시간에 머물겠다."

이 선언은 디지털 세계에 빼앗긴 주도권을 다시 손에 쥐는 작은 실천이다. 스마트폰을 덜 본다는 것은 세상과 단절하겠다는 뜻이 아니다. 오히려 내 마음과 생각, 내 옆에 있는 사람을 더 깊이 느끼겠다는 자기표현이다.

트루먼은 결국 자신을 가둬두었던 세트장의 문을 열고 나갔다. 그 순간은 대단하고 요란한 혁명이 아니었다. 그저 멈추고, 의심하고, 한 발을 내딛는 것이었다.

자유의 반대에는 감옥과 구속만 있는 게 아니다. 그보다 더 무서운 것은 스스로 선택했다고 믿으면서도 사실은 선택하지 못하고 있는 상태다.

'친구 앞에서 폰을 들까. 내려놓을까?'

'숏폼이 끝났을 때 한 편 더 볼까, 멈출까?'

이렇게 사소한 갈림길마다 '나는 선택한다'라는 감각을 몸에 익혀야 한다. 충동과 실행 사이에 '시간'을 두는 연습. 그 작은 멈춤이 자유의 시작이다.

'내가 끌려다니고 있구나.'

'내가 이것에 매여 있구나.'

이를 아는 것이야말로 스마트폰 분리불안 시대의 진짜 해방이다.

자유란 뭘까?

"자유를 한 번도 경험해본 적 없는 사람이 자유를 원할 수 있을까?"

오랜 역사 속에서 누군가의 소유물로 취급되었던 노예들, 특히 태어날 때부터 노예였던 사람들은 자유를 직접 경험해본 적이 없어서 자유라는 개념 자체를 알기 어려웠을지도 모른다. 그런데도 역사에는 자유를 갈망하고 그것을 위해 투쟁했던 노예들의 기록이 남아 있다.

자유가 인간의 본성이기 때문일까? 아니면 노예들 역시 다른 사람(주인)의 자유를 보면서 '배우는 경험'을 하며 자유가 무엇인지 알아갔기 때문일까? 여러분은 어떻게 생각하는가?

이 질문에 대해 루소는 《사회계약론》에서 이렇게 말한다. "인간은 태어날 때 자유롭지만, 어디서나 쇠사슬에 묶여 있다." 그에게 자유는 단순한 제도적 권리가 아니라, 인간의 자연적 본성 그 자체였다. 인간은 본래 자연 상태에서 자유롭고 평등한 존재로 태어나지만, 사회적 불평등과 제도의 발전이 이 본성을 훼손한다는 것이다. 따라서 루소의 관점에서 볼 때, '자유를 경험한 적 없는 노예가 자유를 갈망하는 이유'는 자유가 인간의 본성에 잠재된 감각이기 때문이다. 그는 사회적 교육을 통해서가 아니라, 인간 안에 이미 존재하는 '자기결정의 충동'이 외부의 억압에 저항하도록 이끈다고 보았다. 인간은 자유라는 개념을 배우지 않았더라도, 자신을 구속하는 사슬에 본능적으로 불편함을 느끼는 존재라는 것이다.

한편 한나 아렌트는 자유를 또 다른 방식으로 해석했다. 자유를 단순히 '속박의 부재'가 아니라 '행동하고 시작할 수 있는 능력'으로 규정했다. 인간은 태생적으로 새로운 것을 시작할 수 있는 존재, 즉 세계 속에서 '무언가를 시작할 수 있는 가능성'을 품은 존재라는 것이다. 이런 관점에서 보면 노예라 하더라도 자유의 감각이 완전히 사라지는 것은 아니다. 사회적으로 억압받고 제약받더라도 인간은 여전히 '다시 시작할 수 있는 능력'을 잠재적으로 지니고 있기 때문이다. 아렌트에게 자유는 정치적 권리나 제도 이전에, 인간 존재의 가장 근원적인 조건이며 인간다움의 증거였다.

그러나 자유를 인간의 본성으로 보는 관점이 지나치게 낭만적이라는 비판도 존재한다. 마르크스와 알튀세르 같은 사회이론가들은 자유를 역사적, 사회적 산물로 보았다. 그들에 따르던 인간은 자유를 '자연적으로' 인식하는 존재가 아니다. 오히려 사회적 관계와 생산 구조 속에서 자신이 처한 억압을 자각하는 과정을 통해 비로소 자유의 으 미를 배우게 된다. 즉 자유는 인간의 내면에 원래 주어진 감각이라기보다 사회적 투쟁과 계급적 경험 속에서 형성되는 인식이라는 것이다. 이러한 관점에서 보면 노예가 자유를 갈망하게 되는 이유 역시 본능 때문이라기보다 불평등한 사회 구조 속에서 자신이 억압받고 있음을 '인식'하게 되는 역사적 과정에서 비롯된다.

2
고요할 권리와 몰입할 권리

데이미언 셔젤 감독의 영화 〈위플래쉬〉는 인간이 한 세계에 얼마나 깊이 몰입할 수 있는지에 대한 강렬한 은유를 던진다. 주인공 앤드류가 드럼을 치는 순간, 외부 세계는 사라지고 오직 리듬, 박자, 심장 박동만이 남는다. 영화 속에서 드럼에 빠져드는 순간 시간이 왜곡되며, 주인공은 얼마나 연습을 했는지도 잊은 채 오직 한 박자의 정확성과 깊이를 향해 끝없이 나아간다.

그 유명한 마지막 장면에서 주인공은 더 이상 그 누구의 시선도 신경 쓰지 않는다. 관객도, 스승도, 심지어 실패에 대한 두려움도 사라진다. 남는 것은 오직 '몰입'이라는 순수한 상태, 즉 자기 존재의 에너지가 완전히 하나의 목표에 정렬된 순간이다. 주인공의 이러한 모습은 내면의 가장 깊숙한 중심을 향해 침잠해 들어가는 고독하고 순수한 몰입의 경험을 보여준다.

몰입, 능동적이고 깊은 만족감

'몰입(flow)의 아버지'로 불리는 심리학자 칙센트미하이는《몰입》(한울림, 2004)에서 행복을 단순한 쾌락과 구분한다. 맛있는 것을 먹거나 편하게 쉬는 순간도 분명 즐겁지만, 그 기쁨은 대체로 짧고 금방 사라진다. 반면 몰입은 다르다. 몰입은 외부에서 주어지는 기분이 아니라, 내가 하는 활동 속으로 깊이 빠져들며 내 안에서 흘러나오는 만족이라 할 수 있다. 그래서 그는 진정한 행복을 "최적의 경험(optimal experience)"이라 불렀다.

몰입은 흔히 말하는 '집중'보다 더 깊은 상태다. 생각과 감정, 주의가 한 방향으로 정렬되며, 시간이 다르게 흐르는 경험이다. 이 경험은 대체로 '도전'과 '기술'이 균형을 이룰 때 찾아온다. 너무 쉬우면 지루하고, 너무 어려우면 불안해진다. 그 사이 어딘가에서 우리는 '지금 딱 해볼 만하다'는 감각과 함께 가장 살아있는 집중을 경험한다.

하지만 오늘날 우리 사회는 '깊이 머무는 경험'을 오히려 불편하고 어색한 것으로 받아들이는 경향이 강하다. 잠시의 고요함은 게으름처럼 여겨지고, 의도적인 멈춤은 시간 낭비로 오해받기 쉽다. 속도가 미덕이 된 시대에서, 인간은 점점 스스로에게 '몰입의 시간'을 허락하지 못한다. 알림과 피드, 쇼츠와 릴스 같은 사소한 자극이 끊임없이 쌓이면서 '항상 열려 있어야 한다'는 긴장감을 안고 살아간다. 긴장감이 커질수록 집중은 흐려지고, 몰입의 시간은 자연스럽게 설 자리를 잃어간다.

'무엇에 몰입하는가?'는 곧 '어떤 삶을 선택하는가?'다

이때 우리가 빠지기 쉬운 것이 '수동적 몰입'이다. SNS 피드를 끝없이 스크롤하거나 자극적인 영상을 의식 없이 재생하는 동안, 스스로는 무언가에 깊이 집중하고 있다고 착각하기 쉽다. 유튜브를 틀었는데 어느새 두 시간이 지나 있고, 분명히 쉬었는데 왜인지 더 피곤한 느낌. 그게 바로 수동적 몰입이 남긴 흔적이다. 어떠한 도전도, 새로운 생각도 없었기 때문에 진짜 몰입이 아니다. 우리 내면에 무질서와 공허함을 잔뜩 만들어 놓고 그 공허함을 덮기 위해 점점 더 강하고 빠른 자극을 찾아 헤매게 만든다.

반면 진정한 몰입은 '능동적 몰입'이다. 악기를 연습하다가 어느 날 손가락이 자연스럽게 움직이는 순간, 시간 가는 줄 모르며 그림을 그리다 만족스러운 표현을 구현해낸 순간, 글을 쓰다가 고민되던 문장 하나가 매끄럽게 풀려나가는 순간처럼 말이다.

한 학생의 이야기를 들은 적이 있다. 처음엔 그냥 심심해서 뜨개질을 시작했는데, 어느 날 코를 세고 바늘을 움직이다 보니 어느새 두 시간이 훌쩍 지나 있었다고 했다. 스마트폰도 보지 않았고 딴생각도 없었다. 그저 손과 실과 바늘만 있었다고. 끝

몰입에 대하여

칙센트미하이는 몰입을 '의식의 질서가 극대화된 순간'이라고 설명했다. 인간의 마음속에는 늘 여러 욕구와 감정, 그리고 집중을 흐트러뜨리는 외부 자극이 뒤섞여 있어서 의식은 쉽게 산만해지게 마련이다. 그러나 몰입의 순간만큼은 그 혼란이 가라앉고, 마음의 흐름이 단 하나의 방향으로 깊게 모인다.

몰입에는 몇 가지 뚜렷한 특성이 있다.

첫째, 시간감각이 달라진다. 몇 분이 몇 시간처럼 느껴지기도 하고, 반대로 긴 시간이 단숨에 지나가 버리기도 한다.

둘째, 자의식이 옅어진다. 평소라면 '내가 어떻게 보일까', '제대로 하고 있는 걸까' 하는 생각이 계속 끼어들지만, 몰입의 순간에는 그런 자기의식이 조용히 물러나고 오직 행동 그 자체에만 집중하게 된다.

셋째, 생각과 행동이 하나로 합쳐진다. '내가 이 일을 하고 있다'는 인식보다 '이 일이 나를 통해 흘러가고 있다'는 감각에 가까워진다. 예술가가 창작의 절정에서 자신이 도구처럼 움직였다고 말하거나, 운동선수가 경기 중 몸이 스스로 반응했다고 표현하는 순간과 맞닿아 있다.

나고 나서 피곤하기는커녕 이상하게 마음이 차분하고 뿌듯해졌다고 했다. 그것이 바로 능동적 몰입이 남기는 감각이다.

칙센트미하이는 바로 이 능동적 몰입이 인간의 행복을 가능하게 하는 핵심 조건이라고 보았다. 결국 '무엇에 몰입하는가?'는 곧 '어떤 삶을 선택하는가?'와 연결된다. 정보를 소비하며 흩어지는 몰입을 선택할 수도 있고, 자기 성장과 내면의 질서를 세우는 몰입을 선택할 수도 있다. 순간의 자극에 반응하는가, 아니면 스스로 의미 있는 무언가를 만들어가는가, 그 선택이 결국 우리의 하루를, 그리고 삶을 만들어간다.

고요할 권리, 몰입할 권리

이 지점에서 나는 '권리'라는 단어를 꺼내고 싶다.

2017년, 프랑스는 세계 최초로 퇴근 후 업무 연락을 거부할 수 있는 법을 만들었다. 이른바 '연결 차단권'이다. 처음엔 이상하게 들릴 수 있다. 당연한 걸 왜 법으로 정하지? 그런데 거꾸로 생각해보면, 그게 법으로 정하지 않으면 지켜지지 않는 시대가 됐다는 뜻이기도 하다. 고요할 권리, 연결에서 벗어날 권리가 이제는 저절로 주어지지 않기 때문이다.

디지털 환경에서는 우리의 주의력이 하나의 경제 자원이 된다. 플랫폼 기업은 사용자의 시간을 오래 붙잡을수록 더 많은 이익을 얻고, 알고리즘은 우리의 관심을 끊임없이 다음 자극으로 이끈다. 이 과정에서 몰입은 '중독'의 형태로 왜곡되기 쉽다. 그래서 오늘날 '고요할 권리'와 '몰입할 권리'는 단순한 개인의 선택을 넘어 사회가 함께 지켜내야 할 조건이 되었다.

'고요할 권리'는 단순히 소음 없는 상태가 아니다. 자신의 내면에 귀 기울일 수 있는 시간을 확보하는 것, 곧 '사유의 공간'을 지키는 일이다. '몰입할 권리'는 자신이 선택한 세계에 충분히 머물 수 있는 자유, 다른 사람의 기대와 피드백에서 벗어나 자기의 방향을 스스로 정할 권리다. 무엇에 몰입할 것인가를 성찰하는 일은 곧 내가 어떤 인간으로 살아가고 싶은가를 스스로에게 묻는 일이다.

그런데 여기서 잠깐. 2026년 3월부터 전국 초·중·고등학교에서 수업 중 스마트폰 사용이 원칙적으로 금지됐다. 처음 이 소식을 들었을 때 어떤 생각이 들었는가? '또 어른들이 뭔가 빼앗아 가는 거네'라는 생각이 들었다고? 충분히 공감한다. 통제받는 느낌이 드는 것은 자연스러운 반응이다.

핀란드의 일부 학교에서도 비슷한 정책을 먼저 시행했는데, 처음엔 학생들의 반발이 있었다고 한다. 그런데 시간이 지나면서 예상치 못한 변화가 생겼다. 수업 중 친구와 눈을 마주치는 시간이 늘었고, 쉬는 시간에 직접 대화하는 일이 많아졌으며, 집중하는 시간이 길어졌다는 것이다. 무엇보다 학생들 스스로 "이상하게 덜 피곤하다."고 말하기 시작했다고 한다.

이것을 금지가 아니라 몰입할 권리를 되찾는 시간으로 생각해보면 어떨까. 수업 시간만큼은 스마트폰 없이 온전히 지금 이 순간에 머무는 것, 그것이 어쩌면 내가 나에게 줄 수 있는 가장 작은 선물일지도 모른다.

 권리는 사회가 보장하는 것도 중요하다. 그러나 동시에 우리가 스스로 지켜내야 비로소 그 의미가 살아난다는 점을 잊지 말자.

3

무엇을 보여주고 싶고,
무엇을 보고 싶은가?

지금까지 스마트폰에 끌려다니는 일상과 그 속에서 흔들리는 '나'를 여러 각도에서 차분히 들여다보았다. 그 경험을 바탕으로 이제 조금 더 깊고 근본적인 질문으로 나아가 보자.

"왜 나는 이렇게까지 '보여주는 일'에 관심을 가질까?"

사실 사람들은 내 일상에 생각만큼 큰 관심이 없다. 내가 올린 사진을 보고 몇 초 웃고 지나가거나, '좋아요'를 누르고 곧 자신의 일상으로 돌아간다. 그런데도 우리는 굳이 기록하고, 다듬고, 올리고, 또 확인한다.

도대체 무엇을 위해 이렇게까지 '보여주기'를 멈추지 못하는 걸까?

정말 내가 보여주고 싶은 것을 보여주고 있는가

우리는 참으로 많은 것을 보여주는 시대에 살고 있다. 맛집에는 '인스타 맛집'이라는 이름이 붙고, 관광지에는 '인생샷 명소'라는 말이 자연스럽게 따라붙는다. 마음만 먹으면 나의 하루와 생각, 표정까지 누군가의 타임라인 한가운데 올려놓을 수 있는 지금이야말로 가장 자유로운 시대처럼 느껴지기도 한다.

그런데, 음식이나 풍경 앞에서 스마트폰 카메라를 켜는 데까지 시간이 얼마나 걸리는지 생각해본 적 있는가? 생각도 하기 전에 이미 자동으로 카메라를 켜고 있지는 않은가? 자유롭게 보여줄 수 있다는 사실이, 어느 순간 보여줘야 한다는 압박으로 바뀐 건 아닐까?

한 청소년이 스마트폰 과의존 예방 교육에서 이런 말을 했다. "자려고 누웠다가 갑자기 생각이 나는 거예요. '아, 오늘 아무것도 안 올렸다. 올릴 거 없나?' 하고요. 딱히 보여주고 싶은 게 있어서가 아니라, 그냥 안 올리면 뭔가 빠진 것 같은 느낌이요."

보여주고 싶어서 올리는 게 아니라, 올리지 않으면 불안해지는 상태. 그 느낌이 익숙하다면, 보여주기는 이미 선택이 아니라 일과가 되었을지도 모른다.

평범함이 외면당하는 분위기에서 사람들은 끊임없이 자신을 꾸미고 편집하며 '보여주는 존재'로 살아가려 애쓴다. 이 과정에서 보여주기는 진정한 자기표현이 아니라 다른 사람의 시선을 미리 예상하고 맞추려는 자기 검열로 변질된다. 그러다 보면 자존감 역시 점점 '좋아요'와 '조회수' 같은 외부 반응에 좌우되는 구조 속에 놓이게 된다.

"사람들은 나에게 그렇게 관심도 없는데 나는 왜 이렇게까지 나를 보여주려 할까?"

이 질문 앞에서 우리는 모순된 감정을 느낀다. 보여주지 않으면 뒤처질 것 같고, 보여주면 또다시 피로해지고….

그래서 한 번쯤 스스로에게 물어볼 필요가 있다.

지금 내가 보여주고 있는 것은 정말로 내가 보여주고 싶은 나일까, 아니면 다른 사람이 좋아할 것 같은 나를 만들어 보여주고 있는 것일까?

의미 없는 정보로 머리를 채우지 않기

20대 때 TV를 너무 보는 것 같아 일주일에 2시간(아마도 좋아하는 드라마 정도는 허용했던 것 같다)으로 제한하고 그걸 실천하기 위해 부단히 스스로를 다그쳤던 기억이 난다. 대학에 다니면서 아르바이트까지 해야 해서 늘 시간에 쫓겼는데 그 초조함에서 해방되고 싶은 발버둥이었다. 당시에 영화, TV, 책 등 시각적인 무언가를 보는 것에 사로잡혀 있었던 차에 그 발버둥은 매우 성공적이어서 몇 년간 잘 지켜졌다.

그런데 어느 순간부터 인터넷 기사나 쇼핑몰을 멍하니 보고 있는 나 자신을 발견했다. 숏폼이 등장하면서는 20대 때보다 더 발버둥을 쳐야 '그저 보면서 시간을 보내는' 것으로부터 자유로울 수 있었다.

결국 나는 영화를 보는 시간은 자주 허용해주되, 스마트폰 사용은 통신, 사진, 결제, 길찾기, 스케줄, 검색 정도로 한정했다. 그랬더니 시간이 훨씬 많이 남았고 책도 많이 읽고 저술 활동도 늘릴 수 있었다. 이 점에 큰 자부심과 기쁨을 느끼고 있다. 물론 지금도 무방비 상태에 빠지면 순식간에 스마트폰으로 이것저것 보면서 시간을 보내기도 한다.

가장 좋은 것은, 의미 없는 정보로 머릿속을 어지럽히지 않는 것이다. 괜한 것들에 시선과 에너지를 뺏기지 않으면, 무언가를 골똘히 생각할 때의 즐거움을 느낄 수 있다. 산책하며 머릿속이 비워지는 개운함도 더 선명하게 느껴진다. 이런 순간들이야말로 인간이 느낄 수 있는 본질적인 기쁨이다. 인간의 행복감은 멈춤과 절제라는 '의도적 느린 기술'에서 비롯된다고 한다.

강의에서 만나는 청소년들에게 이런 이야기를 하면, 몇몇은 쉬는 시간에 찾아와 자기도 비슷하다고 반짝이는 눈빛으로 얘기하곤 한다. 그 눈빛에는 스스로에 대한 신뢰에서 나오는 명료하고 단단한 힘이 느껴진다.

내 눈에, 내 머리에 무엇을 넣고 싶은가?

보여주기의 문제만큼이나 보는 행위 역시 깊은 질문이 필요한 영역이다. 우리는 스크롤을 내리거나 다음 영상을 클릭할 때 '보고 싶어서 본다'고 느끼지만, 실제로는 알고리즘이 보여주기 때문에 본다는 사실은 앞에서 누누이 강조했다.

그 구조에서 벗어나 주도권을 갖고 싶다면, 다음과 같은 질문을 스스로에게 던져보자.

'무엇을 보여주지 않을 것인가?'

'무엇을 보지 않을 것인가?'

이 질문을 품고 있다는 것은 이미 디지털 시대의 주도권을 되찾기 시작했다는 신호다.

'내 눈에, 내 머리에 무엇을 넣고 싶은가?'

나에게는 양질의 콘텐츠를 선택할 힘이 있다는 사실을 아는 게 중요하다. 여기서 우리가 지향해야 할 양질의 콘텐츠란 단순히 순간적인 재미나 강렬한 자극을 주는 것이 아니다. 그보다는 '생각의 힘을 길러주고', '정서적 공감을 확장하며', '가치 있는 행동을 이끌어내는 것'이다.

진정한 자유는 손끝에 무한한 선택지가 놓여 있다는 사실에서 나오지 않는다. 오히려 나의 가치와 성장에 실제로 도움이 되는 단 하나에 마음을 집중하기 위해, 그 밖의 수많은 자극을 의도적으로 보지 않겠다고 결심하는 용기에서 비롯된다.

콘텐츠를 선택하는 나만의 방법 찾기

그런 의미에서, 지금까지의 성찰을 바탕으로 내가 직접 시도
해온 작은 실천들을 제안하고 싶다.

- 1일 10분 '의도적 보기': 오늘 내가 볼 것을 미리 정해두고,
  그 외의 것은 과감하게 보지 않기.
- '보여주지 않을 자유 실험': 일주일간 사진·스토리 기록을 멈
  추고, 대신에 일기나 음성 메모로 나만의 사적 공간을 만들
  어보기.
- 스마트폰 목적 사용 원칙: 휴대폰을 열기 전에 "왜 열지?"를
  먼저 말하고, 그 목적이 끝나면 즉시 닫기.
- 시선 환기 루틴: 30초 동안 주변 풍경을 보거나, 창밖을 바
  라보거나, 깊게 숨을 들이마시며 감각을 되돌리는 작은 멈춤
  실천하기.
- 기록으로 남기지 않은 순간들의 가치를 다시 느껴보기: 사진
  으로 저장되지 않은 풍경, 누구에게도 공유하지 않은 웃음,
  기록해두지 않아 더 깊게 남는 감정의 여운을 천천히 경험해
  보기
- 화면 밖에서 나만의 속도로 살아보기: 플랫폼의 속도가 아니
  라 나의 호흡, 나의 감정, 나의 리듬으로 하루를 세우기.
- 누적된 사유가 나를 만든다는 사실 기억하기: 빠른 스크롤보

다 느린 생각이, 더 많은 이미지보다 더 깊은 성찰이 결국 나를 채우는 근육이 된다는 믿음 갖기.

이 가운데 어떤 실천이 여러분과 가장 잘 맞는가?

보여주기보다 살아내기에 마음을 두기 시작하면, 일상은 훨씬 다채로워지며 삶은 생각보다 훨씬 차분하고 단단해진다. 그리고 그 단단함은 누구에게 증명하지 않아도 내가 가장 먼저 알아차리게 된다. 이 점을 꼭 기억하면 좋겠다.

4

'나'와 '다른 사람'을 존중하는 디지털 시민

오늘날 우리가 반드시 갖추어야 할 능력은 더 이상 기계를 빠르고 능숙하게 다루는 기술적 숙련에 머물지 않는다는 것에 동의할 것이다. 진짜 중요한 역량은 그 기술을 사용해 '나'라는 사람을 어떻게 표현할 것인지, 왜 그것을 사용하려 하는지, 그 도구를 통해 누구와 어떤 방식으로 관계를 맺을 것인지를 스스로 선택하고 조율할 수 있는 힘이다. 이러한 능력이 바로 '디지털 시민 역량'이다.

디지털 시민이란

단톡방에서 누군가를 향한 말이 점점 거칠어지고 있을 때, 그냥 웃고 넘길지 아니면 한마디 할지 고민한 적 있는가? 혹은 친구가 올린 영상에 다들 장난스러운 댓글을 달고 있을 때, 나도 따라 쓰려다가 잠깐 멈칫한 적은? 그 고민의 순간, 그 멈칫함이 사실 이미 디지털 시민으로 살고 있다는 증거다.

디지털 시민이라고 하면 스마트폰을 잘 다루는 사람을 떠올리기 쉽지만 진짜 디지털 시민은 그런 뜻이 아니다. 화면 너머에도 나와 똑같은 사람이 있다는 사실을 잊지 않는 것, 기술을 쓸 때도 그 사람을 존중하려는 마음을 잃지 않는 것. 그 마음이 디지털 시민의 출발점이다.

그러나 우리가 살아가는 현실은 이 이상과 거리가 제법 있다. 온라인 공간에서는 말보다 자극이 먼저 도착한다. '좋아요'의 속도는 대화의 속도보다 훨씬 앞서 나간다. 빠름은 곧 익숙함이 되고, 익숙함은 습관처럼 판단의 기준이 된다. 우리의 말과 시선이 점점 깊이 있는 생각보다 즉각적인 반응으로 기울어지는 것은 그 때문이다. 이대 필요한 것이 바로 디지털 시민 역량이다. 디지털 시민 역량이란 이 속도의 세계에서 휩쓸리지 않을 용기다.

기술을 사용하는 방식을 새롭게 설계하다

우리의 집중력과 공감력은 한정된 자원이다. 그런데 이 자원이 깊은 대화나 차분한 생각으로 향하기도 전에 숏폼 영상과 끝없는 피드 속에서 빠르게 쓰여버린다고 생각해보자. 다른 사람을 이해하려는 마음은 금세 지치고, 우리의 언어는 점점 온기를 잃어간다. 흩어진 주의를 다시 모으고, 소모된 감정을 회복하며, 인간이 가진 본래의 속도를 되찾는 능력이 필요한 이유가 여기에 있다.

디지털 시민으로 산다는 것은 내가 남기는 짧은 문장 하나, 댓글 한 줄, 클릭 한 번이 누군가에게 상처를 남기거나 특정한 편견을 더 강하게 만들 수 있다는 사실을 잊지 않는 일이다. 그리고 이러한 자각을 행동으로 이끌어내며 기술을 사용하는 방식을 새롭게 설계하는 일이 바로 디지털 시민으로서 해야 할 실천이다.

한 학생이 친구의 영상을 보고 가볍게 "이거 좀 이상해ㅋㅋ"라고 댓글을 남겼다고 해보자. 그 학생에게는 별 의미 없는 농담일 수 있다. 하지만 그 댓글을 본 친구는 그날 밤 침대에 누워 그 문장을 계속 떠올리며 스스로를 의심할지도 모른다. '정말 내가 이상한 건가?' 보이지 않는 화면 뒤에서는 이런 일들이 생각보다 자주 일어난다.

또 다른 상황도 쉽게 떠올릴 수 있다. 친구의 사진을 허락 없이 단체 채팅방에 올리는 일, 누군가를 놀리는 밈을 재미로 공유하는 일, 사실 여부를 확인하지 않은 영상을 단순히 호기심을 불러일으킨다는 이유로 퍼뜨리는 일. 오프라인에서라면 쉽게 하지 않을 행동이지만 화면 속에서는 그 경계가 생각보다 쉽게 흐려진다.

바로 이런 순간을 스스로 감지하고, 화면 너머의 사람에게 상처가 되지 않도록 말의 결을 다듬는 힘. 이것이야말로 오늘날 우리가 무엇보다 소중히 여겨야 할 디지털 감수성이다.

작은 선택이 만드는 디지털 시민의 감각

공유하기 전에 한 번 더 사실을 확인해본 적 있는가? 누군가를 웃음거리로 만드는 콘텐츠를 그냥 넘겨버린 적 있는가? 타인의 사생활이 담긴 영상을 호기심으로 퍼뜨리지 않은 적 있는가? 이때 하는 고민은 사실 우리가 이미 매일 하고 있는 것들이다. 이런 생각과 행동이 조금씩 더 모일 때 디지털 세계는 안전하고 따뜻한 공간으로 바뀐다.

학교에서 강의를 하다 쉬는 시간에 청소년들끼리 게임 이야기를 하는 걸 끼어서 듣게 되었다. 한 학생이 게임 채팅에서 상대방으로부터 게임을 못한다며 심하게 조롱하는 말을 들었다고 한다. 그런데 다음날까지 그 말이 머릿속에 맴돌아서 기분이 계속 나빴다고 엄청 씩씩대며 말했다.

"사실 그 사람은 나랑 가까운 사이도 아니고 그냥 게임하다 잠깐 만난 사람인데, 왜 이렇게 신경이 쓰이고 상처가 됐는지 모르겠어요."

디지털 공간은 단순한 정보의 공간이 아니라 사람들이 서로 영향을 주고받으며 함께 살아가는 또 하나의 공동체 공간이다. 우리는 그 공간의 이용자이면서 동시에 그 공간의 분위기를 만드는 사람들이다. 내가 남긴 짧은 한마디, 공유 버튼 한 번이 그 사회의 공기를 바꿀 수도 있다. 그래서 디지털 시민이 된다는 것은 기술을 잘 다루는 사람이 되는 것이 아니라, 온라인에서도 책임 있는 공동체 구성원이 되는 일에 가깝다.

'나'와 '다른 사람'을 동시에 존중하는 기술의 윤리

학교 단톡방에서 벌어지는 '방폭'이나 '떼카'를 본 적 있는가? 단체로 누군가를 차단하거나 강제로 내보내는 일. 직접 당해본 사람은 알 것이다. 그게 얼마나 갑작스럽고 당혹스러운 경험인지. 그 행동을 한 쪽은 대부분 "그냥 장난이었는데"라고 말한다. 온라인이라는 공간이 그 행동의 무게를 얼마나 가볍게 느끼게 만드는지를 보여주는 장면이다.

디지털 시민 역량은 기술을 긍정적이고 효과적으로 사용하는 데 필요한 지식과 태도로 정의되며, 특히 '균형'이라는 개념이 핵심으로 강조된다. 이 균형은 기술과 적절한 거리를 유지하는 감각, 넘쳐나는 정보 속에서 비판적 사고를 잃지 않는 태도. 그리고 무엇보다 표현의 자유를 실천하면서도 다른 사람을 존중하는 마음을 함께 지키는 것을 뜻한다.

서로 다른 의견을 폭력적인 언어나 공격적인 태도 없이 주고받고, 불편한 정보나 자극적인 상황을 마주했을 때 즉각 반응하기보다 이해하려는 태도를 선택하는 것. 이러한 태도는 기술이 가르쳐 주는 것이 아니라 인간이 서로를 통해 배우는 것이다. 그 배움은 결국 공동체 안에서 자라고 단단해진다.

　디지털 시민으로 살아간다는 것은 함께 사는 능력과도 연결된다. 다른 사람을 향한 배려와 공감, 그리고 '나'와 '다른 사람'을 동시에 존중하는 기술의 윤리다. 이는 주체적인 사람으로 살아가면서도 편협하지 않고 공감과 인권을 실천하는 사람으로 살아가기 위한 힘이기도 하다.

　기술은 계속 진화하지만 사람의 마음은 여전히 느리고 섬세하다. 오늘 하루 화면 너머의 누군가를 얼마나 생각했는가? 그 질문을 스스로에게 던질 수 있는 사람, 그리고 그 느린 마음을 잃지 않고 잠시 멈춰 생각할 줄 아는 사람. 그것이 빠르게 돌아가는 이 시대에 우리가 지켜야 할 가장 소중한 속도다.

5

딱 멈출 수 있는 힘을 지닌 사람

강의에서 만나는 청소년들에게 자주 물어본다. 자신이 스마트폰에 많이 의존하고 있다고 느끼는지.

"해야 할 일이 있는데도 계속 폰만 보고 있으면 스스로 답답해요. '왜 이러지?' 하는 생각도 들고요."

"공부를 하려고 책상에 앉았는데, 알림이 하나 오면 그걸 보다가 계속 다른 것까지 보게 돼요. 그러다 숙제할 시간이 없어서 못한 적도 있어요."

"저는 한참 하다가 스스로에게 '이제 그만 작작 보시고 운동을 하던가, 책이라도 읽지 좀'이라고 말하기도 해요."

우리의 시간과 에너지를 스스로 지키자는 말은 숏폼을 아예보지 말자는 게 아니다. SNS 계정을 전부 지우자는 극단적인 제안도 아니다. 다만 화면을 켜는 순간부터 내가 '주체'가 되자는 것이다.

디지털 환경은 속도가 빠르고 유혹은 촘촘하다. 그래서 정신을 똑바로 차리지 않으면 정말 순식간에 흐름이 나를 끌고 간다. '주도권'이라고 하니 거창하게 들리겠지만 실은 아주 간단하다. 지금 내가 왜 보려고 하는지, 혹은 왜 사진을 올리려고 하는지 깨닫고 있으면 된다.

도착점 정하기

'지금부터 본다'는 시작점을 제대로 의식하면 자연스럽게 '어디서 멈출지'도 뚜렷해진다. 시작은 스스로 하더라도 끝은 스스로 찾아오지 않는다. 그래서 우리가 먼저 도착점을 정해두어야 한다.

예를 들어 '10분만 본다'는 시간 정하기, 혹은 '영상 5개까지만 본다'라는 식으로 개수 정하기, '알람 두 번 울리면 끝낸다'와 같이 마치는 시점 정하기는 생각보다 큰 힘이 있다. 중간에 갑자기 재미있는 영상이 나와도 그 순간의 즐거움이 내가 정한 목표를 집어삼키지 못한다.

물론 계획을 세워도 계속 보게 되는 날이 있다. 그렇더라도 한 가지는 달라진다. '무의식적으로 흘려보내는 시간'이 줄어든다. 스스로 정한 끝이 있으므로 마음이 무감각해지지는 않는다. 스스로 상황을 설정해두는 것과 그렇지 않은 것은 차이가 크다.

특히 자동 재생을 끄는 일은 실제로 결정적인 역할을 한다. 다음 영상이 알아서 재생되지 않으면 나는 잠깐 멈춰서 '계속 볼지 말지'를 스스로 선택해야 한다. 바로 그 짧은 순간이 '멈춤'을 가능하게 한다. 화면의 기본값을 이어보기에서 멈춤으로 바꾸는 순간, 결정권은 다시 나에게로 되돌아온다.

성찰의 힘을 보여준 청소년들

이 책을 쓰는 동안 나는 청소년들에게 스마트폰 사용과 관련한 성찰의 힘에 대해 교육을 하고, 실제로 이를 실천한 청소년들과 인터뷰를 진행했다. 나에게도 가장 의미 있는 시간이었다. 그들이 이루어낸 작은 변화는 내가 이 글에서 제시한 원칙과 놀라울 만큼 자연스럽게 맞아떨어졌다. 성찰은 청소년의 일상에서 곧바로, 현실적인 변화를 이끌어냈다.

사례 1. "멈추지 않아서 보던 거였어요."

"숙제하다가 잠깐 쉴 때 '5분만 봐야지' 하고 폰을 켜요. 문제는 그 다음이에요. 재미있는 영상이 하나 뜨면 '이거까지만 보고'를 반복하다가 어느새 한 시간이 사라져요. 내가 뭘 봤는지 기억도 안 나는데, 머리는 지끈거리고 마음은 괜히 초조해져요. 이게 선생님이 말한 '수동적 몰입'이라는 걸 나중에 알았어요. 뇌가 계속 짧고 빠른 자극에 익숙해져 있다 보니, 긴 글이나 문제집을 펼치면 바로 '지루하다'는 신호가 올라오는 그거 같았어요.

그러다 하루는 그냥 폰을 방 밖에 두고 공부해봤거든요. 처음에는 허전하고 불안했는데, 20분 정도 지나니까 갑자기 마음이 조용해지는 느낌이 들었어요. 그때 알았어요. '문제는 내가 약해서가 아니라 환경이 너무 강력했구나.'

지금은 공부할 때 폰을 멀리 두고, 필요하면 '왜 지금 폰을 켜려는지' 한 줄로 적어요. '쉬려고', '검색하려고' 이런 이유를 적으면 엉뚱한 영상으로 빠지는 일이 훨씬 줄어요."

- 중3 김자인(가명, 15세)

사례 2. "자동재생만 꺼도 진짜로 달라져요"

"저는 시험 기간만 되면 이상하게 숏폼을 더 많이 보게 돼요. 긴장되면 자꾸 화면을 켜서 도망치듯 영상을 보게 되더라고요. 그러다 교육에서 '자동재생만 꺼도 효과가 크다'고 해서 그냥 해봤어요. 근데 진짜였어요. 다음 영상이 자동으로 안 나오니까 내가 '계속 볼지 말지'를 직접 결정해야 하잖아요. 그 짧은 선택의 순간이 나를 멈추게 하더라고요. 예전에는 멈춘다는 걸 '참는 것'이라고 생각했는데, 이제는 '내가 나를 되돌리는 시간'이라고 느껴요. 작은 설정이지만, 멈출 수 있는 힘을 되찾게 해준 경험이었어요."

- 고1 권혁민(가명, 16세)

사례 3. "긴 글은 어려운데, 짧은 글 읽기는 오히려 편했어요"

"저는 집중해야 할 때 숏폼을 끊기가 정말 힘들었어요. 머리는 쉬고 싶고, 손은 자동으로 스크롤을 내리고⋯. 그러다 선생님이 '짧은 숏폼 대신 짧은 글 세 단락을 보라'고 하신 게 생각났어요. 처음엔 이게 무슨 말인가 했어요. 근데 해보니까 저한테 이게 제일 잘 맞았어요. 짧은 글은 빠르게 소비되지만 영상처럼 정신을 세게 잡아끄는 자극이 없거든요. 그래서 오히려 마음이 안정됐어요. 또 글을 읽고 나면 '나 지금 뭔가 배웠다'는 느낌이 남아요. 숏폼을 본 뒤엔 보통 아무것도 안 남는데⋯.

지금은 쉬고 싶을 때 짧은 글을 모아둔 폴더를 꺼내 봐요. 작은 변화지만 마음의 결이 달라졌어요."

- 고3 윤예은(가명, 18세)

사례 4. "알림만 줄여도 하루가 달라졌어요"

"저는 영상을 오래 보는 편은 아닌데, 문제는 '알림'이었어요. 공부하고 있으면 DM 알림, 친구가 보낸 릴스 링크, '좋아요' 알림이 계속 울리니까, 손이 저절로 폰으로 가더라고요. 영상은 몇 개 안 보는데, 알림 때문에 하루가 계속 끊기는 느낌이었어요. 폰을 끄고 공부해도 '혹시 중요한 연락 아닐까?' 하는 생각이 자꾸 나서 집중이 안 됐어요.

그러다가 수업에서 '내가 화면을 켜는 이유보다 화면이 나를 부르는 이유가 더 클 때가 있다'는 말을 듣고 너무 공감됐어요. 그래서 알림을 전부 끄고, 정말 필요한 연락은 '중요 알림'으로만 따로 설정해봤어요.

처음에는 불안했는데 몇 시간 지나고 나니까 오히려 마음이 편해지는 걸 느꼈어요. 실시간으로 반응해야 한다는 압박이 줄어드니까 내가 선택해서 켤 수 있는 여유가 생기더라고요. 지금은 숙제할 때 방해받지 않으니까 공부 흐름이 끊기는 일이 거의 없어요. 작은 설정 하나 바꿨을 뿐인데 하루가 훨씬 조용하고 길어졌어요."

― 중2 서준(가명, 14세)

이 사례들을 보면 공통점이 있다. 멈춘 청소년들은 의지가 강한 사람이 아니라 환경을 바꾼 사람이었다는 사실이다. 보고 싶은 것이 넘쳐나는 시대에 '주의 주도권'을 되찾으려면, '무조건 참기'보다 보는 구조 자체를 바꾸는 전략이 필요하다.

멈춤을 돕는 건 '의지'가 아니라 '환경'이다

보고 싶은 것이 넘쳐나는 시대에 우리는 보고 싶은 것을 좁히는 전략적인 노력이 필요하다. 숏폼 10분을 시청했다던 같은 주제의 롱폼 10분을 보거나 짧은 글 세 단락 읽기 등 콘텐츠 길이의 균형을 의도적으로 맞추는 시도도 큰 도움이 된다. 특히 단체 톡방이나 SNS 알림 기능을 꺼두는 것이 효과적이라는 의견이 많다. 보통 누군가 내 글에 '좋아요'를 누르거나 새로운 게시물이 올라왔다는 알림을 계기로 릴스를 보기 시작하는 경우가 많다. 실제 교육 현장에서도 알림을 줄여두는 방식이 도움이 되었다는 경험담이 여럿 나왔다.

이와 더불어, 자동 재생을 직접 끌 수 없는 숏폼 플랫폼에서는 데이터 절약모드를 활용하는 것이 주의력을 통제하는 데 효과가 있다. 데이터 절약모드를 설정하면 영상 화질이 낮아지거나 미리 읽어 들이는 기능이 제한되어 콘텐츠 로딩 속도가 느려진다. 그래서 스크롤하는 속도를 늦추고 멈춤의 순간을 가지는 데 도움이 된다.

멈춘다는 행위는 단순히 화면에서 눈을 떼는 일이 아니다. 분주해진 몸과 마음을 다시 제자리로 데려오는 일이기도 하다. 잠시 화면을 닫고 창문을 열어 환기를 해보자. 물 한 잔을 마시거나, 30초 정도 어깨와 목을 풀어주는 가벼운 스트레칭도 좋다. 이것만으로도 손가락이 먼저 향하던 길을 마음이 다시 되잡아오기 시작한다.

숏폼 앱을 홈 화면에서 치우고 대신 독서 앱이나 노트 앱을 전면에 배치해보자. 이런 소소한 환경 설계는 '습관은 의지보다 동선에 민감하다'는 사실을 가장 현명하게 활용하는 실천이다. 동시에 자연스럽게 우리의 선택을 더 나은 방향으로 이끌어준다. '딱 멈출 수 있는 힘'은 절제가 아니라 인식에서 시작한다. 일주일 간 스스로를 관찰해 언제, 어디에서, 무엇 때문에 보려 했는지, 계획과 실제 시청 시간의 차이는 얼마나 되는지, 그리고 전후의 기분이 어떻게 달라졌는지 기록해보자. 그러면 리듬이 보일 것이다. 스스로를 통제하기보다 이해할 때 더 안정되게 변화할 수 있다.

한 가지 더 해볼 수 있는 것이 있다. 콘텐츠를 본 뒤 '방금 본 것 중 기억할 만한 한 줄'을 짧게 메모해보는 것이다. 그냥 흘려보내는 소비와, 내 것으로 남기는 경험 사이의 차이는 생각보다 크다.

'딱 멈출 수 있는 힘을 지닌 사람'은 의지가 유난히 강한 사람이 아니라, 자신의 패턴과 한계를 정확히 아는 사람이다. 억지로 참아내는 방식이 아니라, 나에게 맞는 환경을 설계하고 회복의 루틴을 마련하면서 내가 원하는 습관을 만들어가 보자. '나는 원하면 멈출 수 있다'는 확신이 생기는 순간부터, 숏폼을 보든 멈추든 모든 행동은 스스로 결정한 건강한 사용으로 바뀌게 된다.

자아 이미지에 대한 기본값 바꾸기

자신의 의지가 약하다고 자책하지 않으면서 환경을 바꾸는 건 스마트폰뿐만 아니라 좋은 습관을 들이는 과정에도 큰 도움이 된다. 여기서 한발 더 나아가 자기 자신에 대해 스스로 가지

주요 숏폼 플랫폼 자동 재생 끄는 방법

플랫폼	콘텐츠 유형	자동 재생 설정 경로
유튜브	숏츠 & 일반 영상	[설정] > [일반] > [재생 목록 및 자동 재생] 또는 [자동 재생] 토글 비활성화 (숏츠 피드 자체의 자동 스크롤은 불가)
인스타그램	릴스	릴스 피드 자체에 대한 자동 재생/스크롤 해제 기능은 제공하지 않음. 데이터 절약 모드를 켜서 간접적으로 제어 가능: [설정 및 개인정보] > [데이터 사용량 및 미디어 품질] > [데이터 절약 모드] 활성화
틱톡	틱톡	틱톡은 스크롤 시 자동 재생이 기본값이며, 앱 내에서 피드 자동 재생을 끄는 공식 설정은 제공하지 않음.
카카오톡	카카오 숏폼 (펑/채널)	카카오TV / 톡채널 등에서 영상 재생 시, 플레이어 내 [자동 재생] 버튼 또는 [설정] 메뉴에서 토글 비활성화.

* 참고: 틱톡이나 인스타그램 릴스 피드 자체의 자동 스크롤 및 다음 영상 자동 재생 기능은 플랫폼 설계상 사용자가 직접 끌 수 있는 기능이 제공되지 않는다. 따라서 이 경우, 사용 시간 제한 설정이나 앱 사용 이유를 기록하는 '시작 의식' 등의 다른 방법을 병행하는 것이 더욱 중요하다.

고 있는 이미지를 바꾸는 일, 바로 기본값을 바꾸는 것은 실로 영향력이 크다.

사람들은 자신도 모르게 이런 기본값이 마음속에 저장되어 있다.

"나는 원래 스마트폰을 오래 하는 사람이야."

"나는 집중이 잘 안 되는 사람이야."

"나는 멈추는 게 힘든 사람이야."

이 문장들은 사실 반복된 습관이 만들어 낸 자기 설명일 뿐이다. 그런데 문제는, 이 자기 설명이 오래될수록 그 문장을 자신의 정체성이라 믿게 되는 데 있다. 스마트폰을 오래 사용하는 습관이 곧 '나라는 사람'이 되어버리는 순간, 변화는 더 어려워진다. 그때부터 멈춤은 단순한 행동이 아니라 나 자신의 정체성을 거스르는 일처럼 느껴지기 때문이다.

그래서 멈춤의 힘을 갖는다는 것은 '나는 어떤 사람인가?'라는 자기 정의를 바꾸는 일이라고 할 수 있다. 예전 기본값이 '나는 늘 스마트폰 하는 사람이야'였다면, 그 자리에 이런 문장을 새로 넣어야 한다. 내 뇌가 자동으로 꺼내는 첫 문장을 바꾸는 연습이다.

"나는 언제든 멈출 수 있는 사람이야."

"나는 내 주의력을 내 편으로 만든다."

"나는 10분을 보더라도 끝을 정하고 본다."

"나는 다시 시작할 줄도 알지만 다시 내려놓을 줄도 안다."

이처럼 기본값 하나가 바뀌면 선택의 감각이 달라진다. 예전에는 화면이 나를 끌고 갔다면, 이제는 내가 화면을 다룬다. 예전에는 스크롤을 내리는 것이 '자동 반응'이었다면, 이제는 중간에 멈춰 '선택의 순간'이 생긴다. 그리고 그 작은 멈춤이 쌓이면서 자기 자신에 대한 신뢰를 회복하게 된다.

기본값이 흔들리는 순간도 있을 것이다. 결심이 약해서도 내 의지가 약해서도 아니다. 내가 취약해지는 시간대와 상황이 있기 때문이다. 그래서 멈춤은 '의지 시험'이 아니라 '위험 구간을 알아차리는 일'에 가깝다고 생각하면 된다. 이런 질문을 던져보면 내 위험 시간대가 생각보다 또렷해진다.

- 지금 이 순간, 나는 무엇을 회피하려고 화면을 켜려는 건 아닌가?
- 오늘 내 몸은 얼마나 지쳐 있는가(잠, 배고픔, 피로)?
- 내가 지금 기다리는 건 무엇인가(답장, 반응, 인정)?
- 지금 이 시간대는 늘 무너지는 시간대인가(등교 전, 하교 후, 밤, 침대 위)?
- 내가 화면에서 찾는 건 재미인가, 위로인가?

이런 질문을 떠올리는 것만으로도 스스로 성찰할 수 있는 힘을 가졌다는 기본값이 생긴다. 그렇게 몇 번을 멈추는 경험을 하고, 예전과 다른 나의 모습을 확인해보자. 스스로를 지켰던

경험이 나라는 사람에 대한 자아 이미지를 더 확고하게 변화시
킨다.

6

결국, '나는 어떻게 살고 싶은가?'에 대한
나의 이야기

이 책을 쓰면서 내가 여러분에게 가장 하고 싶었던 이야기는 전작인 《내 인생의 주인공으로 산다는 것》(착한책가게, 2020)에서 했던 것과 다르지 않다. 그때도, 지금도 결국은 '주인공'의 자리를 너무 쉽게 내어주지 말라는 것이다. 세상이 정한 성공의 기준이나 삶의 규칙, 이런 것들에 말이다. 누군가의 기대나 평가와 시선이 내 삶의 자리를 대신 차지하도록 허락하지 말라는 뜻이다.

특히 스마트폰 세상에서는 주인공 자리를 내줄 일이 훨씬 많아졌다. 그렇기에 이 말을 더 힘주어서 하고 싶어진다. 짧은 영상, 빠른 정보, 알고리즘의 조정, 다른 사람의 반응이 초 단위로 스며드는 세계에서 '나'라는 중심은 언제든 밀려날 수 있다. 그러니 더욱 나의 마음, 나의 판단, 나의 시간, 내 시선의 주도권을 절대 가볍게 넘겨주지 않았으면 좋겠다.

자신의 삶을 주체적으로 결정해야 하는 이유는

여기에는 오해하지 말다야 할 지점이 있다. 내 인생의 주인공으로 산다는 말이 결코 '나만 잘 살겠다'는 선언이 아니라는 사실이다. 내 삶을 명확히 바라볼 수 있을 때 비로소 다른 사람을 제대로 바라볼 수 있다. 그리고 내가 내 감정을 섬세하게 느낄 수 있을 때 다른 사람의 감정에도 무뎌지지 않게 된다. 나에게 더 깨어 있을수록 우리는 다른 사람에게도 더 다정하고 책임 있는 사람이 될 수 있다.

여기서 말하는 '다정함'은 성격의 문제가 아니다. 태도의 문제다. 무감각하지 않으려는 노력, '모른 척'하지 않으려는 선택, 다른 사람의 마음에 닿는 방식으로 말하고 행동할 줄 아는 힘. 나는 그걸 다정함이라고 부르고 싶다.

유시민 작가의 《청춘의 독서》(웅진지식하우스, 2025)에는 청춘들이 꼭 읽어보면 좋을 책들이 깊은 고민과 함께 잘 추천되어 있다. 나 역시 그 목록에 전적으로 공감한다. 특히 존 스튜어트 밀의 《자유론》 중 한 대목을 작가가 가장 사랑하는 문장으로 꼽았는데, 그 대목은 나 또한 오래전부터 깊이 아끼는 문장이기에 청소년 여러분과 함께 나누고 싶다.

관습을 따르지 않을 자유를 최대한 인정하자. 현재의 관습에 어긋나는 행위 가운데 어떤 것은 새로운 관습이 될 수 있다. 더 나은 행위 방식을 찾을 가능성을 열어준다는 이유만으로 관습을 무시하는 독자의 행동을 장려하자는 것은 아니다. 정신적으로 우월한 사람만 자기 방식대로 살 권리가 있다는 뜻 또한 아니다. 만인이 다 한 사람이나 소수의 방식에 따라 살아야 할 이유는 없다. 스스로 설계한 삶은 그 자체로 가장 뛰어나서가 아니라 그 자신의 방식이기 때문에 그에게 가장 적합하다.

- 《자유론》 중에서

밀은 우리가 자신의 삶을 주체적으로 결정해야 하는 이유가 결코 그 방식이 객관적으로 가장 뛰어나거나 완벽해서가 아니라고 말한다. 그 삶의 방식이 '그 사람 고유의 방식'이기 때문에 그 개인에게 가장 잘 맞고 가장 의미 있는 길이 된다는 것이 핵심이다. 다시 말해, 삶의 가치는 완벽함에서 비롯되는 것이 아니라 자신이 선택한 삶을 스스로 책임지고 살아갈 때 비로소 생겨난다는 뜻이다.

여러분은 지금 어떤 사람으로 살아가고 있으며, 어떤 사람이 되고 싶은가?

나는 인간이 이러한 '자유'의 감각에 깨어 있으면서 동시에 그 감각이 다른 사람에게도 있음을 감지하고 조심스럽게 다루며 살아갈 때, 가장 큰 행복에 가까워진다고 생각한다. 자유는 나 혼자만의 권리가 아니다. 다른 사람에게도 같은 몫으로 남아 있어야 하는 감각이기 때문이다.

다정한 '우리들이' 살아남는다

《다정한 것이 살아남는다》(디플롯, 2021)에는 다른 사람의 마음을 미루어 짐작하고 이해하는 능력에 대한 이야기가 나온다. 이것이야말로 사람이 세상을 살아가는 가장 섬세하고도 근본적인 힘이다. 이 능력이 있기에 우리는 낯선 사람의 표정에서 감정을 읽고, 함께 있는 사람의 침묵에서 생각을 짐작한다. 또 사랑하는 이의 웃음에서 나의 행복을 확인하기도 한다. 다른 사람의 마음을 알고 싶어 하는 마음이 우리를 관계 속으로 이끈다. 그 연결의 순간들은 때로 설명할 수 없을 만큼 놀랍다.

사랑하는 사람이 행복할 때 나 또한 행복해지는 이유도 여기에 있다. 누군가의 기쁨이 나의 기쁨처럼 느껴지는 것, 슬픔을 함께 나눌 때 아픔이 걸해지는 것, 떠나간 이를 떠올리며 '그가 나를 자랑스러워했을 것'이라고 믿는 순간 슬픔이 견딜 만한 감정으로 바뀌는 것, 이러한 경험을 하게 되는 것은 우리가 본질적으로 연결된 존재이기 때문이다. 서로의 마음을 정확히 알 수는 없지만 알아보려고 노력하는 가운데 관계 속에서 자신의 삶을 더 넓게 바라보면서 살아갈 용기를 얻는다.

《법정의 얼굴들》(모르, 2024)(정말 정말 추천하는 책이다)을 쓴 박주영 판사가 '유 퀴즈 온 더 블록'에 출연해 판사로서의 고민을 털어놓은 적이 있다. 다루는 모든 사건에 감정이입을 하다보면 견디기 어려워지지만, 일을 하다 보면 점점 무감각해지게 되는데, 바로 그 순간이 두렵다고 했다. 그러면서 재판으로 사회가 나아질 수 있는지 스스로에게 묻고 자신이 무엇을 할 수 있을까를 고민하면서 판결문이나 책을 쓴다고 한다.

"사람이 사람에게 할 수 있는 가장 잔인한 일은 혼잣말하도록 내버려두는 것이다."

박주영 판사가 쓴 판결문에 나오는 문장이다. 사람들이 어우러져 사는 이 사회에 대한 고민의 흔적이 엿보인다. 이렇게 치열하게 고민하는 감각이 감수성이자 다정함이라는 생각이 든다.

지금 우리가 살아가는 세계는, 자신에게 깨어 있는 감각과 다른 사람을 향해 열려 있는 감각을 동시에 요구한다. 디지털 기술과 정보의 속도는 끊임없이 우리를 뒤흔들며 빠르게 판단하고 즉각 반응할 것을 강요한다. 그러는 사이 우리는 자신의 내면에 귀 기울일 여유는 물론이고 다른 사람의 마음을 헤아릴 힘도 소모해버린다.

내 감정과 시간을 존중하기

자신의 마음을 솔직하게 들여다보는 일, 다른 사람의 고통과 기쁨을 함께 바라보는 일, 관계에 휘둘리지 않기 위해 잠시나마 멈추는 일. 이것들은 지금 시대에 섬세한 감각을 잃지 않으려는, 쉽지 않은 용기가 필요한 일이 되었다.

그럼에도 우리는 여전히 누군가의 표정에서 의미를 읽고, 누군가의 침묵에서 감정을 추측하며, 함께 살아가는 사회에 대해 고민하는 감각을 포기하지 않는다. 바로 그 감각이 우리를 인간답게 만들고, 공동체를 조금이라도 더 나은 방향으로 움직이게 하는 힘이기 때문이다. 그 힘은 특별한 사람에게만 있는 게 아니다. 그냥 지나칠 수 있었던 순간에 잠깐 더 머문 사람에게 생기는 것이다.

그래서 나는 다시 처음의 질문으로 돌아오게 된다. 결국, 나는 어떻게 살고 싶은가?

이 질문은 단순히 어떤 진로를 선택할지, 어떤 성취를 이루고 싶은지를 묻는 수준을 훌쩍 넘어선다. 그것은 내 삶을 움직이는 중심축이 무엇인지, 목적한 가치와 방향을 지키기 위해 나는 어떤 선택을 해야 하는지, 그리고 그 선택이 나 자신뿐 아니라 내가 관계 맺고 살아가는 다른 사람에게 어떤 변화를 가져올 수 있는지를 차분하게 되묻는 질문이기 때문이다.

"나는 어떤 속도로, 어떤 마음으로, 어떤 삶을 살아가고 싶은가?"

정답은 없다. 다만 이 질문을 계속 안고 사는 사람과 그렇지 않은 사람의 하루는 조금씩 달라진다. 그 질문을 놓지 않는 것만으로도, 여러분은 이미 자신의 삶을 살아가고 있는 것이다.

나는 그런 당신이 참 좋다.

　그동안 청소년들과 함께 '스마트폰 주도권 찾기 수업'을 하면서 가장 많이 받은 질문들을 모아보았다. 비슷한 고민을 하고 있다면 참고가 되었으면 좋겠다.

문 "저… 좀 이상한 질문일 수도 있는데요. 반 단톡방에서 제 이름이 나오면 갑자기 다들 조용해지거든요. 근데 직접적으로 욕을 하거나 나쁜 말을 한 건 아니어서, 이게 학교폭력이라고 할 수 있는 건지 모르겠어요. 증거도 딱히 없는 것 같고, 말했다가 제가 예민한 애로 찍힐까봐 그냥 참고 있는데, 이게 신고할 수 있는 건가요?"

답 이 질문은 전혀 이상한 질문이 아니다. 오히려 똑같은 상황을 겪으면서도 말 한마디 못 하고 혼자 삭이고 있는 청소년들이 정말 많기 때문에 이 질문이 나왔을 때 눈길을 끌었다.
먼저 한 가지 꼭 알아줬으면 하는 게 있다. 직접적인 욕설이 없어도 학교폭력이 될 수 있다. 우리나라 학교폭력예방법에서는 '따돌림'을 "집단적으로 상대방을 의도적이고 반복적으로 소외시키거나 괴롭히는 행위"로 정의하고 있다. 내 이름이 나올 때마다 대화가 멈추는 일이 반복된다면, 그건 의도적인 침묵이고 소외 행위다.

"예민한 애로 찍힐까 봐"라고 말했는데, 반복되는 불편한 상황에서 불편함을 느끼는 건 예민한 게 아니라, 이유가 있는 감각이라고 스스로 믿어주면 좋겠다.

지금 당장 할 수 있는 것은, 단톡방에서 내 이름이 나오고 대화가 멈추는 상황이 반복될 때마다 화면 캡처를 해두는 것이다. 날짜와 패턴이 쌓이면 그것이 증거가 된다. 그리고 부모님이나 담임선생님, 학교 상담선생님께 이야기하자. 혼자 참는 시간이 길어질수록 마음의 상처도 깊어진다. 말하는 것이 먼저이고, 혼자 해결하지 않아도 된다는 걸 기억하자.

문 "누가 저를 저격하는 인스타 스토리를 올린 것 같은데요, 이름은 안 쓰고 초성만 썼어요. 그래서 증거가 없다고 생각했는데, 스토리가 24시간 지나면 사라지잖아요. 이미 늦은 건지… 이런 상황에서 증거를 어떻게 남겨야 하고, 어디에 신고하면 되는지 알고 싶어요."

답 실제로 많은 청소년들이 이런 상황을 겪으며 마음고생을 한다. 한 가지 꼭 알아줬으면 하는 게 있다. 이름이 없이 초성만 있어도 괴롭힘의 증거가 될 수 있다는 사실이다. 법적으로 '누구를 가리키는지 주변 사람들이 인식할 수 있다면' 특정성이 인정되기 때문에 그 초성이 나를 가리킨다는 걸 주변 친구들이 알고 있었다면, 그건 충분히 증거가 된다.

앞으로 비슷한 상황이 생기면 스토리가 올라온 즉시 화면을 캡처하고, 가능하다면 화면 녹화도 함께 해두자. 날짜와 시간이 찍히면 더 좋고, 그 스토리를 본 친구들의 반응이나 대화도 함께 캡처해두면 나중에 큰 도움이 된다.

신고는 학교 선생님이나 Wee클래스 상담사에게 먼저 이야기하는 게 가장 가까운 방법이고, 방송통신심의위원회나 사이버범죄 신고 시스템(ECRM)을 통한 신고도 가능하다. 자신을 저격하는 글을 혼자 계속 들여다보는 건 마음이 너무 힘들다. 캡처도, 신고도 혼자 하려 하지 말고 부모님이나 믿을 수 있는 어른에게 먼저 보여주자. 함께 하면 훨씬 덜 무겁다.

문 "저, 사실 고백할 게 있는데요. SNS 게임 커뮤니티에서 알게 된 친구가 있는데, 부모님한테 말 안 하고 만나러 간 적이 있어요. 근데 그 친구가 온라인에서 보여주는 모습이 진짜 그 사람의 전부인지 잘 모르겠거든요. 선생님 말씀처럼 위험할 수도 있는 거 알겠는데, 그 친구가 나쁜 사람은 아닌 것도 같고요. 이런 경우엔 어떻게 해야 하나요?"

답 이걸 솔직하게 꺼내준 것만으로도 충분히 용기 있는 일이다. 당연히 그 친구가 나쁜 사람이 아닐 수 있다. 그렇게 느꼈기에 만나러 갔을 거라 생각한다. 그런데 그 친구가 좋은 사람이냐 나쁜 사람이냐가 중요한 게 아니다. 온라인에서 우리는 서로의 '가장 좋은 모습'만 보여주게 돼 있다. 내가 게임 커뮤니티에서 보여주는 나, SNS에서 보여주는 나, 그게 나의 전부가 아닌 것처럼 그 친구도 마찬가지다. 그걸 전부라고 믿고 혼자 만나러 가는 건, 그 친구가 좋은 사람이어도 나를 위험한 상황에 놓는 일이다. 그 친구를 계속 만나고 싶다면, 그 선택을 혼자 몰래 하지 말고 부모님께 먼저 말해보자. "이런 친구인데, 만나고 싶어요."라고. 처음엔 반대하실 수 있다. 그럼 왜 만나고 싶은지, 어떤 친구인지 더 자세히 이야기해보자. 부모님이 아는 상태에서, 사람들이 있는 공개된 장소에서 만나는 것. 그게 그 관계를 더 오래, 더 안전하게 이어가는 방법이다. 관계를 끊으라는 게 아니라 더 당당하게 이어가길 바라는 거다.

문 "저는 SNS보다 게임을 더 많이 하거든요. 게임은 제가 직접 뭔가를 하는 거니까 그냥 영상 보는 것보다는 낫다고 생각했는데, 친구들은 결국 똑같다고 해요. 저는 게임할 때 진짜 집중도 되고 성취감도 느껴지거든요. 게임이랑 SNS는 어떻게 다른 건가요? 게임도 줄여야 하는 건가요?"

답 청소년들이 다른 강연에서도 자주 하는 질문이라 나 역시 오래 생각해본 주제의 질문이다.

게임과 SNS, 숏폼은 분명히 다르다. 게임은 내가 직접 선택하고 조작하고 결과를 만들어내는 활동이다. 목표가 있고, 달성하면 성취감이 오고, 실제로 집중이 되기도 한다. 그냥 영상을 수동적으로 받아보는 것과는 다른 뇌의 활동이라 그 성취감이 진짜라는 것, 맞는 말이다.

그렇지만 한 가지 물어보고 싶은 것은 게임을 하고 난 뒤에 어떤 느낌이 드는가? 뿌듯하고 개운한가, 아니면 시간이 훌쩍 지나 있고 허전한 느낌이 드는가? 게임이 내가 선택해서 즐기는 시간인지, 아니면 다른 시간들을 밀어내고 있는지를 한번 들여다보면 좋을 것 같다. 이 책에서 계속 강조한 건 '하지 마라'가 아니라 '내가 선택하고 있는가'다. 게임의 경우도 내가 원할 때 시작하고, 내가 원할 때 멈출 수 있다면 그건 즐기는 거라고 할 수 있다. 그러나 멈추기가 어렵고, 안 하면 불안하고, 다른 걸 해야 할 때도 자꾸 게임 생각이 난다면, 그건 한번 돌아봐야 할 신호라고 할 수 있다. 게임 자체가 나쁜

게 아니라, 내가 주도권을 갖고 있는지가 중요하다는 사실을 기억하면 좋겠다.

문 "저도 스마트폰 줄여야 한다는 건 알겠어요. 근데 막상 줄이려고 하면 친구들 사이에서 혼자 동떨어지는 것 같아서 불안해요. 연락도 늦게 하고, 스토리도 잘 안 올리면 관계가 멀어질 것 같거든요. 줄이면서도 친구 관계 유지하는 방법이 있을까요?"

답 아마 청소년들 대부분이 갖고 있는 걱정일 거라 생각한다. 그 불안이 아예 근거 없는 건 아니다. 실제로 지금 많은 친구 관계가 SNS 반응을 중심으로 이어지고 있으니까.

그렇기에 더더욱 같이 생각해봤으면 한다. '좋아요' 개수나 스토리 반응이 우정의 기준이 되는 관계라면, 그게 진짜 가까운 관계일까? 내가 스토리를 안 올렸을 때 멀어지는 친구라면, 그 관계는 사실 스토리로 유지되고 있던 거다. 스토리가 없어지면 사라지는 관계는 내가 애써 지켜야 할 관계가 아닐 수 있다.

진짜 가까운 관계는 화면 밖에서도 확인된다는 사실을 우리는 이미 알고 있다. 직접 만나서 간식을 같이 먹는 것, 전화 한 통, "너 요즘 어때?" 하는 말 한마디. 그게 스토리 열 개보다 훨씬 강한 연결이라는 걸 말이다.

나랑 진짜 친하다고 느끼는 친구 한 명에게 이번 주 안에 SNS 말고 직접 연락해보자. 그 작은 실천이 어떤 관계가 진짜인지를 알려줄 것이다.

문 "사람에게 고요한 시간이 좋다고 하셨는데, 저는 솔직히 아무것도 안 하고 있으면 불안하고 뭔가를 해야 할 것 같은 느낌이 들어요. 멍때리는 게 좋다는 게 이론적으로는 알겠는데, 막상 그러면 초조해지거든요. 어떻게 하면 심심한 게 두렵지 않게 될 수 있을까요?"

답 사실 이 질문을 받았을 때 정말 반가웠다. 지금 시대를 살고 있는 청소년이라면, 아니 어른들도 거의 다 공감할 만한 이야기다. 생각해보면 우리는 참 심심할 틈이 없다. 버스 기다리는 3분, 밥 먹기 전 1분, 잠들기 전 그 어중간한 시간. 그 모든 틈을 스마트폰이 채우기 때문이다. 심심함이 두려운 게 아니라, 심심함을 느껴본 적이 별로 없는 거다. 낯선 게 무서운 건 당연하다.

운동을 오래 안 하다가 갑자기 뛰면 숨이 차는 것처럼, 빈 시간도 다시 익숙해지는 데 시간이 걸린다. 처음부터 여유롭게 멍때릴 수 있는 사람은 없다.

일상에서 딱 하나만 시도해보면 좋겠다. 오늘 이동하는 시간이나 밥 먹을 때, 5분만 폰을 내려놓고 그냥 가만히 있어보는 거다. 초조하면 초조한 대로 둬도 되니 없애려고만 하지 않으면 된다. 그 5분이 처음엔 엄청 길게 느껴질 거다. 그런데 그게 쌓이면 어느 순간 빈 시간이 불안하지 않고, 오히려 좀 쉬는 느낌이 드는 날이 온다. 그런 순간이 오면 스마트폰에 끌려 다니는 게 아니라 내가 보고 싶어서 보는 거다. 그것이 바로 주도권이다.

스마트폰 사용에 대한
나만의 규칙 선언

1. 나의 하루, 스마트폰 사용 점검하기

구분	오늘 사용 시간	주로 한 일	꼭 필요했던 사용인가요? (○/△/×)
아침			
낮			
저녁			
자기 전			

◑ 생각해보기

오늘 스마트폰을 켜지 않았더라면 생겼을 '나의 시간'은 얼마나 되었을까?

(예: 가족과 대화, 산책, 음악 감상, 공부, 멍 때리기 등)

2. 스마트폰이 내 삶에 미치는 영향 잠시 돌아보기

아래 문장을 읽고, 나의 생각에 가장 가까운 칸에 ✔ 표시하세요.

문장	전혀 그렇지 않다	가끔 그렇다	자주 그렇다	항상 그렇다
나는 스마트폰이 없으면 불안하다.				
친구들과의 관계가 '톡'이나 'SNS 반응'으로 결정되는 느낌이다.				
잠자기 전까지 스마트폰을 손에서 놓기 어렵다.				
나도 모르게 영상의 '다음 장면' 을 계속 넘기고 있다.				
스마트폰을 끄면 오히려 마음이 편해진다.				

◑ 한 문장 성찰

지금 나에게 스마트폰은 _____ 같은 존재다.

(예: 친구, 도구, 유혹, 휴식, 벽, 탈출구, 거울…)

3. '나만의 스마트폰 사용 규칙' 세우기

1) 내가 반드시 지키고 싶은 원칙 3가지

(예: 식사 중엔 폰을 내려놓는다 / 잠자기 30분 전엔 화면을 끈다 /
공부 중엔 알림을 꺼둔다 등)

① ~~~~~~

② ~~~~~~

③ ~~~~~~

2) 이 원칙을 지키기 어려운 순간은 언제인가요?

~~~~~~

~~~~~~

3) 그럴 때 나를 도와줄 수 있는 방법이나 문장 한 줄 써보기

(예: "지금은 나의 시간이다." "멈추면 더 잘 보인다.")

~~~~~~

~~~~~~

~~~~~~

~~~~~~

4) 숏폼을 나답게 활용하는 실천 선언문

> **(예)**
>
> 나는 숏폼의 속도 속에서도 나 자신을 잃지 않겠다.
>
> 짧게 즐기되, 깊게 생각하겠다. 멈춤을 두려워하지 않겠다.
>
> 스마트폰이 나를 대신 살게 하지 않고,
>
> <u>   (나의 이름)   </u>   이(가)
>
> 나의 시간과 마음의 주인으로 살아가겠다.

~~~~~~

~~~~~~

~~~~~~

~~~~~~

~~~~~~

서명: _____

날짜: _____

숏폼 세계에서 나를 잃지 않는 7가지 원칙

1. '멈춤'은 단절이 아니라 내 마음의 회복이다.

화면을 멈추는 순간, 세상과 끊어지는 게 아니라 나 자신과 다시 연결된다. 멈춤은 용기다. 알고리즘이 나 대신 선택하는 리듬을 잠시 중단하고, "지금 이 장면이 내 삶에 남아도 괜찮을까?"를 스스로 묻는다. 멈출 수 있는 사람은 이미 '자기 삶의 주인'이다.

2. '짧은 영상'보다 '긴 호흡'을 존중한다.

숏폼의 속도는 뇌를 빠르게 자극하지만, 마음의 리듬은 그렇게 움직이지 않는다. 짧은 영상 뒤엔 늘 긴 여운이 필요하다.
한 편을 보고 나면 1분간 눈을 감아보자. 그 짧은 침묵이 '브레인 롯'으로 흐르는 뇌를 회복시킨다.

3. '보는 힘'보다 '생각하는 힘'을 기른다.

화면은 빠르게 보여주지만, 진실은 느리게 이해된다. 짧은 영상일수록 "누가 말하고 있는가?", "무엇이 생략되었는가?"를 물어야 한다. 이 질문이 당신의 뇌를 정보의 소비자에서 의미의 탐색자로 바꾼다.

4. '공유'보다 '존중'을 먼저 클릭한다.

웃기다는 이유로 누군가의 얼굴과 실수를 소비하지 않는다.

화면 속 사람도 나처럼 마음이 있는 존재다. 공유하기 전, 단 한 번이라도 "이건 누군가를 다치게 하진 않을까?"라고 묻는다면 당신은 이미 '디지털 시민'의 자리에 서 있다.

5. '연결'보다 '관계'를 선택한다.

'좋아요'는 많지만 대화는 줄었다면, 그건 연결이 아니라 소음이다. 숏폼 속 친구보다 옆자리에 있는 친구에게 먼저 말을 건다. 스마트폰을 내려놓을 때 비로소 진짜 '나와 너'가 시작된다. 사람을 보는 일은 화면을 보는 일보다 훨씬 느리지만, 훨씬 오래 남는다.

6. '자극'보다 '의미'에 반응한다.

플랫폼은 "조금만 더 보면 재미있을 거야"라고 속삭이지만, 그건 나의 주의력을 갉아먹는 달콤한 장치다. "이건 나에게 무엇을 남겼는가?"를 매번 점검하라. 감정이 흔들릴수록 잠시 멈추는 힘, 그게 진짜 성숙이다.

7. '화면 이후의 시간'을 지킨다.

영상이 끝난 뒤의 5분은 숏폼이 빼앗지 못한 당신의 시간이다.

그 5분 동안 숨을 고르고, 오늘의 감정 하나를 기록하라. 스마트폰이 아닌 '나의 기억' 속에서 하루를 마무리할 때 당신의 뇌는 다시 사람을 향해 회복된다.

나는 숏폼의 세계를 '거부'하지 않는다. 다만 그 속에서도 나 자신을 '지켜내기'로 한다. 짧게 즐기되, 깊게 생각하고, 멈출 수 있는 용기를 가진다.

스마트폰 사용 상세 체크리스트
: 주의력, 감정, 관계 점검하기

다음 문항을 읽고, 지난 한 달 동안 자신의 상태에 가장 가까운 정도를 표시해 보세요.

번호	문항	전혀 그렇지 않다	가끔 그렇다	자주 그렇다	매우 그렇다
1	스마트폰 사용으로 인해 집중력이 떨어진다				
2	스마트폰 사용으로 인해 정서적으로 불안하거나 예민해진다				
3	해야 할 일이 있어도 스마트폰을 하느라 미루거나 시간을 낭비한다				
4	스마트폰 사용에 문제가 있다는 걸 알지만 조절이 잘 되지 않는다				
5	스마트폰을 덜 쓰고 싶지만 쉽게 포기하지 못한다				
6	스마트폰을 사용할 때 시작한 지 모르게 시간이 훌쩍 지난다				

7	스마트폰 생각이 머릿속에서 떠나지 않는다				
8	스마트폰을 사용하고 싶은 충동을 자주 느낀다				
9	스마트폰이 없으면 불안하거나 초조하다				
10	스마트폰 사용이 생활의 중심이 된 것 같다				
11	스마트폰을 사용하지 않을 때 공허하거나 우울하다				
12	스마트폰을 사용하고 나서 후회나 죄책감을 느낀다				
13	스마트폰 사용으로 가족·친구와의 관계에 문제가 생긴 적이 있다				
14	스마트폰 때문에 수면 시간이나 식사, 운동이 줄었다				
15	스마트폰 알림이나 소리에 과민하게 반응한다				
16	스마트폰을 가까이에 두지 않으면 불안하다				
17	스마트폰 사용이 학업·직장생활에 지장을 준다				
18	스마트폰을 사용하다 보면 계획한 일을 자주 미루게 된다				

| 19 | 스마트폰 때문에 사람들과의 대화나 관계가 줄어들었다 | | | | |
| 20 | 스마트폰을 사용하지 않을 때 피로하거나 무기력하다 | | | | |

[해석 가이드]

- **총점 20~39점**: 스마트폰 사용이 비교적 잘 조절되고 있습니다.
- **총점 40~59점**: 주의 단계입니다. 사용 시간을 점검하고 휴식 시간을 확보하세요.
- **총점 60점 이상**: 과의존 위험군입니다. 사용 습관 조정과 전문 상담을 고려해 보세요.

* 출처: 이문수, 정여주, 김종민, 연규진, 김재훈, 김미림, 김승수, 류지원, 차정인. (2024). 청소년 스마트폰 과의존 척도-R 신규 개발 및 타당화. 상담학연구, 25(4), 117-138.)

1. https://www.segye.com/newsView/20221211506828?utm_source=chatgpt.com

2. 안데르스 한센, 《인스타 브레인》, 동양북스, 2020.

3. Suler, J. (2004). The Online Disinhibition Effect. CyberPsychology & Behavior, 7(3), 321-326. https://pubmed.ncbi.nlm.nih.gov/15257832/

4. Channel 4 (2024). Swiped: The School That Banned Smartphones [다큐멘터리]. BOLDPRINT Studios 제작, University of York 연구팀(Prof. Lisa Henderson, Dr Emma Sullivan) 참여. 2024년 12월 11-12일 방영.

5. 박봉환 (2022). "청소년의 스마트폰 과의존과 주의집중문제가 학업무기력에 미치는 영향". 《학습자중심교과교육연구》, 22(8), 213-222.; 이강욱·지명원·이주연 (2023). "청소년의 온라인 여가로서 스마트폰 과의존이 학업무기력에 미치는 영향: 또래관계의 매개효과". 《청소년상담학회지》, 4(3).

6. Blakemore, S. J., & Choudhury, S. (2006). Development of the adolescent brain: implications for executive function and social cognition. Journal of Child Psychology and Psychiatry, 47(3-4), 296-312. https://doi.org/10.1111/j.1469-7610.2006.01611.x

애덤 아다토 샌델(2015).《편견이란 무엇인가》. 이재석 옮김. 와이즈베리.

조너선 하이트(2024).《불안 세대: 디지털 세계는 우리 아이들을 어떻게
병들게 하는가》. 이충호 옮김. 웅진지식하우스.

안데르스 한센(2020).《인스타 브레인: 몰입을 빼앗긴 시대, 똑똑한 뇌
사용법》. 김아영 옮김. 동양북스.

Blakemore, S. J., & Choudhury, S. (2006). Development of the
adolescent brain: implications for executive function and
social cognition. Journal of Child Psychology and Psychiatry,
47(3), 296-312.

Diamond, A. (2013). Executive functions. Annual Review of
Psychology, 64, 135-168.

Suler, J. (2004). The online disinhibition effect. CyberPsychology
& Behavior, 7(3), 321-326.

Xie, J., Xu, X., Zhang, Y., Tan, Y., Wu, D., Shi, M., & Huang,
H. (2023). The effect of short-form video addiction on
undergraduates' academic procrastination: a moderated
mediation model. Frontiers in Psychology, 14, 1298361.
https://pmc.ncbi.nlm.nih.gov/articles/PMC10756502/

Yan, T., Su, C., Xue, W., Hu, Y., & Zhou, H. (2024). Mobile phone
short video use negatively impacts attention functions: an
EEG study. Frontiers in Human Neuroscience, 18, 1383913.
https://pmc.ncbi.nlm.nih.gov/articles/PMC11236742/

김법연·권헌영·김미량 (2021). "인공지능 시대 디지털 시민역량 강화를 위한 교육제도의 개선방안", 《컴퓨터교육학회 논문》, 24(3), 67-88.

박봉환(2022). "청소년의 스마트폰 과의존과 주의집중문제가 학업무기력에 미치는 영향", 《학습자중심교과교육연구》, 22(8), 213-222.

안정임·최진호 (2020). "디지털 시민성 역량이 공동체 의식에 미치는 영향: 연령대별 차이를 중심으로", 《정치커뮤니케이션연구》, 57, 133-177.

이강욱·지명원·이주연(2023). "청소년의 온라인 여가로서 스마트폰 과의존이 학업무기력에 미치는 영향: 또래관계의 매개효과", 《청소년상담학회지》, 4(3).

청소년의 스마트폰 주도권 되찾기

스마트폰을 멈추면 일어나는 일

1판 1쇄 발행 2026년 4월 10일
지은이 원은정
펴낸이 전광철 **펴낸곳** 협동조합 착한책가게
주소 서울시 마포구 독막로 28길 10, 109동 상가 b101-957호
등록 제2015-000038호(2015년 1월 30일)
전화 02) 322-3238 **팩스** 02) 6499-8485
이메일 bonaliber@gmail.com
홈페이지 sogoodbook.com

ISBN 979-11-90400-66-4 (43100)

• 책값은 뒤표지에 있습니다.
• 잘못된 책은 구입하신 서점에서 바꾸어 드립니다.